元国税調査官
大村大次郎

税金を払わない奴ら

なぜトヨタは税金を払っていなかったのか？

ビジネス社

はじめに

「税金は公平にできている」

「日本の金持ちや大企業は世界的に見て、多額の税金を払っている」

多くの国民はそう思っているかもしれない。

しかし、少しでも税金をかじったことがある人間なら、それは大きな間違いだということがわかる。

確かに日本の金持ちや大企業は、名目上の税率は世界的に見て高く設定されている。しかし、彼らの税金にはさまざまな抜け穴があり、実質的な税負担は一般庶民より安かったり、ほとんど税金を払っていなかったりさえするのだ。

たとえばアメリカの富裕層に比べ、日本の富裕層の税負担は概算で半分以下であり、他の先進諸国と比べても著しく低いのである。詳細は本文で述べるが、それは統計的にはっきり表れていることだ。

もし日本の富裕層がアメリカの富裕層並みに税金を払っていれば、税収は20兆円以上増え、消費税の増税などまったく必要ないのである。

そういう「税金を払ってない奴ら」の実態をつまびらかにするのが本書の趣旨である。

税金というのは、一般の人たちにはなかなかわかりづらいものである。

たとえば来年度からマイナンバー制が敷かれるようになるが、市民運動家などがこれに反対しているケースが目につく。

しかしマイナンバー制というのは、もともと税務当局が主に富裕層の課税漏れを防ぐために導入を検討していたものである。これに反対することは、富裕層に与《くみ》するということなのである。そういうことも、国民の税金に関する無知のあらわれだと思われる。

税金というのは力の強いもの、ずる賢いものが得をする世界である。

だから、国民は税金に関して無知であってはならない。国民が税金に無知になってしまうと、力の強いもの、ずる賢いものの意のままになるからだ。

そして今の日本はそういう状態になっている。この現状を見れば、誰もが怒りに震えるはずだ。それをあなたに知っていただきたく本書をしたためた次第である。

著者

第2章
宗教法人の税金の闇

第3章 税金のブラックボックス「公益法人」

第4章 富裕層の税金の抜け穴

第5章 開業医の超優遇税制

第6章 投資家の税金は先進国でいちばん安い

第7章 海外に逃げる税金

序章

なぜトヨタは税金を払っていなかったのか

トヨタが5年間税金を払っていなかった謎

トヨタ自動車は、2015年3月期の連結決算で、グループの最終利益が2兆円を超えた。利益が2兆円を超えたのは、日本の企業としては初めてのことである。

このトヨタ、2009年から2013年までの5年間、じつは国内で法人税等を払っていなかった。

2014年3月期の決算発表の際に、豊田章男社長が衝撃的な発言をしたのである。

「いちばんうれしいのは納税できること。社長になってから国内では税金を払っていなかった。企業は税金を払って社会貢献するのが存続のいちばんの使命。納税できる会社として、スタートラインに立てたことが素直にうれしい」

この言葉に、度を失った人は多いのではないだろうか？

日本最大の企業が、日本で税金を払っていなかったというのである。

トヨタは単独決算でずっと赤字だったわけではない。近年赤字だったのは、リーマンショックの影響を受けた2010年期、2011年期の2年だけである。それ以外の年はずっと黒字だったのだ。

トヨタの経常利益の推移　（単独決算　単位100万円）

	経常利益
2007年3月	1,555,193
2008年3月	1,580,626
2009年3月	182,594
2010年3月	△77,120
2011年3月	△47,012
2012年3月	23,098
2013年3月	856,185
2014年3月	1,838,450
2015年3月	2,125,104

日本の法人税制には、赤字繰り越し制度というものがある。決算が赤字だった場合は、その赤字分の金額が5～9年間繰り越される。だから、2012年3月期に税金を払っていなかったのは理解できる。

が、2013年3月期には、その赤字分は解消しているはずであり、税金を払わなければならなかったはずだ。

また2009年3月期は黒字であり、赤字繰り越しもなかったはずなので、この期には税金を払わなければならなかったはずだ。にもかかわらず、なぜトヨタは2009年から2013年まで税金を払っていなかったのか？

じつは、そこには巧妙なカラクリがある。そして、そこに日本税制の最大の闇が隠されているのである。

近年の日本の税制がトヨタを中心に設計されてきたこと、ざっくり言えば、トヨタの恩恵のために税システムが改造されてきたことである。

「受取配当の非課税」というマジック

トヨタが5年間も税金を払っていなかった最大の理由は、「外国子会社からの受取配当の益金不算入」という制度である。

これは、どういうことなのか。外国の子会社から配当を受け取った場合、その95％は課税対象からはずされる、ということなのである。

たとえば、ある企業が外国子会社から1000億円の配当を受けたとする。この企業は1000億円の配当のうち、950億円を課税収入から除外できる。つまり950億円の収入については無税となるのだ。なぜこのような制度があるのか？

これは、現地国と日本で二重に課税することを防ぐ仕組みなのだ。

外国子会社からの配当は、現地で税金が源泉徴収されているケースが多い。もともと現地で税金を払っている収入なので、日本では税金を払わなくていいという理屈である。

現地国で払う税金と日本で払う税金が同じならば、その理屈も納得できる。

が、配当金の税金は世界的に見て、法人税よりも安い。

つまり現地で払う税金は、日本で払うべき税金よりもかなり少なくて済むのだ。

たとえ1000億円の配当があった場合でも、現地での源泉徴収額はだいたい100億円程度である。しかし日本で1000億円の収入があった場合、本来239億円の税金を払わなければならない。

つまり現地で100億円の税金を払っているからという理由で、日本での239億円の税金を免除されているのだ。実際はもう少し細かい計算が必要となるが、ざっくり言えばこういうことである。

配当に対する税金は、世界的にだいたい10％前後である。途上国やタックスヘイブンと呼ばれる地域では、ゼロに近いところも多い。

対する法人税は、世界的に見て20％～30％である。日本も23・9％である。

だから「現地で配当金の税金を払ったから、本国の法人税を免除する」ということになれば、企業側が儲かるのは目に見えている。

アメリカの子会社が日本の本社に配当した場合、源泉徴収額は10％である。一方、日本の法人税は23・9％である。

アメリカで10％徴収されている代わりに、日本でのおよそ25％の徴収を免除されるわけだ。その差額分が本社の懐に入っているわけだ。

理屈から言って、海外子会社が現地で支払った受取配当金の源泉徴収分を日本の法人税から差し引けば、それで済むわけである。法人税を丸々、免除する必要はないはずだ。

たとえばアメリカで100億円の税金を払っているならば、日本で払うべき239億円の税金から100億円を差し引き、残りの139億円を日本で払うべきだろう。

にもかかわらず、アメリカで100億円を払っているから日本の239億円の税金を丸々免除してしまっているところが税制の「抜け穴」となっているのだ。

本当は儲かっているのに税務上は赤字に

トヨタは詳細を公表してないが、この「受取配当の非課税制度」を利用して、税金を免れていたことは明白である。17ページの表を見てほしい。

2009年3月期（単独）は営業利益は赤字だったのに、経常利益は黒字になっている。これはどういうことかというと、トヨタ本社単独の営業だけによる収支は赤字だったけれど、海外子会社からの配当などにより黒字になったのである。

2010年3月期も営業利益は3280億円もの赤字だったが、経常利益となるとその

トヨタの売上、利益の推移（単独決算　単位100万円）

	売上	営業利益	経常利益
2007年3月	11,571,834	1,150,921	1,555,193
2008年3月	12,079,264	1,108,600	1,580,626
2009年3月	9,278,483	△187,918	182,594
2010年3月	8,597,872	△328,061	△77,102
2011年3月	8,242,830	△480,938	△47,012
2012年3月	8,241,176	△439,805	23,098
2013年3月	9,755,964	242,133	856,185
2014年3月	11,042,163	1,269,004	1,838,450
2015年3月	11,209,414	1,270,664	2,125,104

赤字額は771億円までに縮小されている。２０１１年3月期も営業利益は４８０９億円もの赤字だったが、経常利益の赤字は４７０億円まで縮小している。

そして２０１２年３月期は営業利益で４３９８億円もの赤字だったのに、経常利益は２３１億円の黒字となっている。

これらも、海外子会社の配当などが大きく寄与していると見られる。

そして海外子会社の配当は課税所得から除外されているので、税務上の決算書では営業利益の赤字ばかりが積み上がった。

つまり、「本当は儲かっているのに税務上は赤字」になっていたのだ。

その結果、２０１３年3月期まで日本で法人税を払わずに済んだのである。

「受取配当の非課税」はトヨタのためにつくられた

じつはこの話はこれだけでは終わらない。

これだけの話ならば、「トヨタは税制のスキをうまくついて節税していた」というだけのことである。

しかしトヨタの場合、それだけではなく、もっと悪質な背景があるのだ。

というのは、「この制度自体、トヨタのためにつくられたようなもの」なのである。

つまりトヨタは本来、課税されるべきところを、法律を変えさせて課税されなくしてしまったということなのである。

ようするにトヨタは「税制の優遇制度をうまく利用した」のではなく、「自社の利益のために税制を変えさせた」のである。

一企業が日本の税制を変えてしまったなどというのは、にわかには信じられないだろう。が、昨今の税制の変革を丹念に見てみると、トヨタの有利になるように変えられているとしか考えられないのだ。

海外子会社配当の非課税制度が導入されたのは、２００９年である。それまで海外子会社からの配当は、源泉徴収された税金分だけを日本の法人税から控除するという、ごくまっとうな方法が採られていたのである。それが2009年から、配当金自体を非課税にするという非常におかしな制度が採り入れられたのだ。

そしてトヨタは、2009年期から5年間税金を払っていなかった。まさにトヨタが税金を払わなくて済むためにつくられたような制度なのだ。

トヨタはバブル崩壊以降、国内での販売台数が落ち込み、海外での販売にシフトしていった。特に90年代に入ってからは、海外販売の割合を急激に増やした。それまで50%程度だった海外販売の割合は、2000年代後半には80%前後で推移するようになった。

2000年代後半、トヨタは完全に海外依存型の企業になったのである。

海外での販売はほとんどがトヨタの本社が直接行うものではない。つまり海外に子会社をつくり、その子会社が海外販売を担うのである。

必然的にトヨタは2000年代の後半から、海外子会社からの受取配当が「収入の柱」になっていった。

海外子会社配当の非課税制度は、トヨタの「収入の柱」を非課税にする制度なのである。

しかもトヨタの海外販売が激増した直後の2009年から、この非課税制度が始まったのだ。単なる偶然では、到底、片づけられないモノだといえる。

なぜトヨタ優遇税制がつくられたのか？

じつはトヨタのための優遇税制というのは、この配当金非課税制度だけではない。

法人税制に隠された数々の特別措置には、トヨタのためにつくられたとしか思えないようなものが多々ある。

また消費税もじつはトヨタの強い要望でつくられたものであり、トヨタが大きな恩恵を受けているものなのである。

それにしても、なぜ一企業に過ぎないトヨタのために優遇税制が敷かれるのか？

トヨタは、財界で強い力をもっている。

日本経済団体連合会の会長は財界の首相とも呼ばれ、日本経済に大きな影響力がある。

日本経済団体連合会の会長は、2002年5月～2006年5月までトヨタの奥田碩《ひろし》氏が務めた。日本経済団体連合会の前身である旧経団連でも、1994年5月～1998年5月までトヨタの豊田章一郎氏が会長を務め、旧日本経営者団体連盟では、1999年5月～2002年5月まで奥田碩氏が会長を務めた。

現在、日本経済団体連合会の名誉会長5名のうち、2名がトヨタ（奥田碩氏、豊田章一

トヨタの海外販売台数の推移（単位：台・%）

西暦	和暦	海外販売台数	海外販売比率
1975	昭和50	900,808	38
1976	昭和51	1,071,980	45
1977	昭和52	1,399,581	52
1978	昭和53	1,375,054	48
1979	昭和54	1,449,313	47
1980	昭和55	1,845,955	55
1981	昭和56	1,848,778	55
1982	昭和57	1,823,241	54
1983	昭和58	1,822,852	53
1984	昭和59	1,925,893	54
1985	昭和60	2,139,361	56
1986	昭和61	2,045,943	54
1987	昭和62	1,958,650	51
1988	昭和63	2,067,572	49
1989	平成元	2,106,517	48
1990	平成2	2,370,451	49
1991	平成3	2,354,129	50
1992	平成4	2,411,977	52
1993	平成5	2,440,429	54
1994	平成6	2,481,640	55
1995	平成7	2,496,206	55
1996	平成8	2,621,768	55
1997	平成9	2,837,614	59
1998	平成10	2,929,952	63
1999	平成11	3,058,060	65
2000	平成12	3,382,642	66
2001	平成13	3,546,701	67
2002	平成14	3,838,296	70
2003	平成15	4,354,506	72
2004	平成16	4,948,754	74
2005	平成17	5,554,128	76
2006	平成18	6,229,327	79
2007	平成19	6,841,933	81
2008	平成20	6,526,059	82
2009	平成21	5,604,043	80
2010	平成22	5,961,581	79
2011	平成23	5,895,877	83

郎氏）から出ている。

財界は、日本の経済政策や税制に大きな発言力をもっている。だから税制にトヨタの意向が強く反映されているのは、想像にかたくない。

が、トヨタがここまで税制上、優遇されている最大の要因は「政治献金」にあるといえる。自民党への政治献金が多い企業団体のランキングでは、一般社団法人日本自動車工業会が1位で、2位がトヨタである。この順位は、長らく変わらない。

日本自動車工業会が毎年6000万円～8000万円、トヨタが毎年5000万円程度、自民党に献金している。

日本自動車工業会とは自動車製造企業の団体であり、当然、トヨタは主宰格である。ようするに自民党の企業献金の1位と2位がトヨタ関係なのだ。自民党にとって、トヨタは最大のスポンサーなのである。

そのトヨタに対して有利な税制を敷くのは、なんとわかりやすい金権政治なのだろうか？　しかも、たかだか1億数千万円程度の献金で日本全体の税制が変えられてしまうのである。日本の政治とはなんと貧弱なものなのだろうか。

もちろん、このような税制が続けば、日本経済はめちゃくちゃになってしまう。

実際に近年、日本経済は格差が広がり、国民生活はめちゃくちゃになってしまったのだ。

第1章

政治家は税金を払わない

政治家の税金はサラリーマンの10分の1

「税金を払わない奴ら」

を挙げるとき、絶対に欠かせないのが政治家である。

税金の世界では、十五三一（とうごうさんぴん）という言葉がある。

これは税務署が把握している各業界の人たちの「収入」を示した税務の世界での隠語である。

サラリーマンは収入の10割が税務署に把握されているが、自営業者は5割、農家は3割しか把握されないのである。そして、政治家にいたっては1割しか把握されていないのだ。

つまり政治家は、実質的な収入に比して10分の1しか税金を払っていないということである。

なぜ政治家は、そんなに税金を払わないで済んでいるのか？

政治家の税金にはどんなカラクリがあるのか？

政治家は、支持者や企業などから多額の献金を受ける。だから有力な政治家は非常に収入が多い。

ところが、この政治家の多額の収入には、事実上、税金が課せられなくなっているのだ。政治家への献金というのは、現在の法律では政治家個人が受けるのではなく、政治団体が受けることになっている。

ようするに献金は、すべて政治団体の収入になるのだ。そして政治団体に対しては、その収入（献金）には税金が課せられない。つまり、政治献金をいくらもらっても、無税になっているのだ。

政治団体が受け取った金は実質的には政治家が自由に使える。

つまり実質的には政治家の収入なのだが、政治団体というパイプを通すことで政治家への課税はされないのである。

民主党（当時）の小沢一郎氏は、ゼネコンから数億円の献金を受け取り、それを土地購入資金に充てたことが問題になったことがあるが、この献金も政治団体の収入なので、小沢氏の所得に関してはすべて非課税になっているわけである。

また政治団体のお金であっても、政治家が個人的なことに使ったならば、本来であれば、政治家への利益供与にあたるので税金が課せられる。

しかし、税制上、「政治活動費」は、限りなく広範囲に認められており、「政治活動費として使った」といえば、税金が課せられることはまずない。たとえば毎晩、高級料亭で会食したとしても、それは「政治活動」の経費として処理されるのである。

そのため政治家の場合は、実際の収入に比して、支払っている税金の率はサラリーマンの10分の1とされているのである。

なぜ鳩山兄弟の脱税はばれなかったのか？

そして政治家には、さらに税金で有利になる条件がある。

それは、「政治家の税金に関する監視が甘い」ということである。

たとえば鳩山元首相は、母親からの巨額の資金提供を受けていたことが発覚し、問題になったことがある。その額は2002年から現在まで12億6000万円という、とんでもない額である。この資金提供に対し、鳩山首相は、2009年の12月に贈与税の申告漏れとして6億円の納税をした。

この事件を見た時、1つの疑問が起きないだろうか？

これほど巨額の課税漏れがあったのに、なぜ国税当局は今まで動かなかったのか、ということである。

これには、大きな理由がある。

政治家のつくっている政治団体は、事実上、国税当局は関与できない。

先ほども述べたように、国会議員が支持者などから献金を受けるとき、政治団体をつくり、自分個人にではなく、政治団体が献金を受ける仕組みになっている。

この政治団体は、法的には非営利団体とされている。

非営利団体というのは、金儲けのための事業をしていない団体である。非営利団体には、法人税などは課されない。税金が課されない団体は、税金の申告をすることもないし、必然的に国税当局が税務調査をするようなこともない。

つまり政治団体は、国税当局の監視の外にあるのだ。

だから国税当局が、鳩山首相の政治団体「友愛政経懇話会」の収支報告書をチェックすることは、まずないのである。

国税当局の監視の外にあるということは、じつは非常に大きい。

というのは、団体の経理を監査する機関のなかでも、もっとも厳しいのは国税だからである。国税以外のチェック機関は、ほとんどおざなりのチェックしかしない。

政治団体は、一応、弁護士、公認会計士や税理士などでつくられる登録政治資金監査人による監査を受けなくてはならないようになっているが、それはかたちばかりのものであり、国税のような厳しい追及はない。だから政治団体の収支報告書は、適当につくることができるのである。

つまり、国会議員の経理は、国税の追及を受けることがないので、かなり適当に記載することができるのである。

政治資金収支報告書を調べてみたら、エロ本の領収書があったとかキャバクラの飲み代があったとかいう話がよくでてくる。

また2007年には、経費の問題で現役の農水相（故松岡利勝氏）が、首つり自殺までしてしまった。

故松岡農相の経費問題とは簡単に言えば次のようなものだった。

故松岡農相の東京事務所は衆議院議員会館内にあり、事務所費、水道光熱費などは無料なはずなのに、多額の経費が計上されていたのである。

故松岡農相は、この問題が野党から追及されると、飲み水を「なんとか還元水」にしているから、水道光熱費が高いなどと言い訳したのだが、実際は「なんとか還元水」などの領収書はなく、嘘だったことが判明した。そこで窮地に陥ってしまったのだ。

2007年当時、政治団体の報告書には領収書の添付が義務付けられていなかった。領収書の添付が義務付けられていないということは、数字を適当に書いていても嘘か本当か確認できない。だから、故松岡農相の事務所も、適当な経費計上をしたのだ。

現在は領収書の添付が義務付けられているが、その領収書のチェックも甘いものであり、実質的にはそれほど変わっていないのだ。

税務署は政治家に弱い

また税務署は政治家に弱い。それが政治家が税金を払わなくて済む大きな要因にもなっている。

税務署は本来、首相でさえも税務調査を行い、脱税を摘発する権利をもっている。政治団体は税務署への申告義務はないが、政治家個人は税務署への申告義務がある。もし、その申告におかしな点があれば、税務署は政治家を税務調査することもできるし、その関連から政治団体の金に斬りこむこともできるはずなのだ。

しかし、税務署は政治家に対してはまともな税務調査は行っていないのである。

国会議員でも脱税で摘発された者はいる。しかし、それは国税の力で摘発したものではない。

政敵が政権を握ったために見せしめ的に税務調査に入られたり、巨額の不正蓄財をマスコミから嗅ぎつけられたために、やむを得ず国税が動いたケースがほとんどなのだ。

政治家というのは、入金や出金に不透明な部分が多く、ほとんどの人が多かれ少なかれ叩けば埃が出るといわれている。なのに、政治家へは、よほどのことがない限り税務署は動かないのだ。

たとえば、元自民党幹事長の加藤紘一氏に国税の調査が入ったのも、加藤紘一が自民党に反旗を翻《ひるがえ》そうとして失敗した「加藤の乱」の後のことである。

加藤紘一氏は、以前から税金に関してグレーの部分があるとマスコミなどで言われていた。が、彼が本当に勢いがあるときには、国税はまったく動こうとしなかったのだ。彼は「加藤の乱」の失敗で政治的な力を失い、政敵により報復的な意味で税務調査を受けたのだ。

またかつての自民党のドン、故金丸信氏が脱税で摘発されたのも、佐川急便からの多額の裏献金事件が発覚した後のことである。故金丸氏は5億円もの裏献金を受け、これは贈賄では立件できなかった。

しかし、5億円をもらった事実はあるはずで、それが申告されていないのはおかしいという世論に動かされて、国税は脱税摘発に踏み切ったのだ。

しかも故金丸氏が国会議員でいるうちには国税は動いていない。彼が世間の批判にさらされ、議員バッジをはずしてから、やおら重い腰を上げたのだ。

当時の大蔵大臣は宏池会の林義郎氏だった。宏池会所属とはいえ、林氏も元は田中派で旧二階堂グループだった。金丸氏のいた同じ旧田中派・経世会とは田中角栄氏の跡目をめぐって旧敵であった。もし、大蔵大臣が林義郎氏でなかったら、金丸氏は逮捕されていたかどうか疑わしい。

このように、税務署が自発的に政治家の税金に斬りこむことはまずありえないのだ。鳩山兄弟の贈与税が見過ごされていたのも、これが大きな要因なのである。

なぜ二世議員は相続税を払わないのか？

政治家の税金には、さらにおかしい部分がある。それは二世議員たちの相続税問題である。

日本の議会では国も地方も二世議員が溢れている。

議員を世襲で行うことに疑問を感じている人も多いはずだ。

政治家などというのは、その人の資質がもっとも問われる職業だ。にもかかわらず親が政治家だったというだけで、自分も政治家になってしまっているのだ。それはやっぱりおかしいことだろう。

しかし現状では、自民党にも野党にも二世議員がたくさんいるため、だれもこの問題について踏み込もうとはしない。

二世議員のほうが選挙に勝ちやすい。

だから各党は二世議員を担ぎたがる。政治家が急死すれば、大急ぎで選挙に出られる子供を探す。世間知らずのお嬢ちゃんやお坊ちゃん、それもいなければ配偶者までもが担ぎ出される。

なぜ二世議員が選挙で強いのかというと、親の知名度や地盤を使えるからである。

ところで私は一応税の専門家だが、常々二世議員の税について疑問をもっていた。

「彼らは本当は莫大な税金を払わなければならないのではないか」

ということである。

地盤や知名度は莫大な財産である。通常、財産をもらえば贈与税がかかる。親が死んでからもらったとしても相続税がかかる。

選挙の地盤に関しては、非課税などという取り決めはない。二世議員は地盤という莫大な財産をえているのに税金は払っていないのだ。

これを事業家の子供に置き換えればわかるはずだ。事業家の息子がその事業を継承するために、株を贈与された場合、その価額に応じた税金を払わなければならない。企業価値の高い会社の株であれば莫大な額になる。

政治家の地盤は、金額に換算すると相当な額になる。1回選挙を行うだけで、平均でも市会議員レベルで数千万、県議会レベルで数億、国会議員では数十億単位の金が必要だといわれている。そんな多額の金を何度もつぎ込んで固めてきた地盤なのだから、相当な価値があるはずだ。

これほど二世議員が増殖したのは、そのような莫大な財産を無税で譲り受けられてきたからである。二世議員の地盤に税が課せられていないのは、課税公平の観点から見てもおかしいところだ。

国税当局に、なぜ政治家の地盤を譲るときに税を徴収しないのかと聞けば、おそらく、選挙の地盤などは、実際の価値がわからないからと言い訳をするだろう。

しかし、実際の価値がわからなくても、価値があるのならば税法的には課税されなければならない。また実際の価値がわからなくても、どうにかして図るのが国税の仕事である。選挙費用の相場などを参考にすれば、金銭的価値はわかるはずだ。

また国税の重い尻が動くのを待つまでもなく、国民に多額の税を課す立場の政治家なのだから、自分たちから率先して払うべきだろう。

第2章

宗教法人の税金の闇

宗教法人はなぜ金をもっているのか？

宗教法人というのは、驚くほど金をもっていることがある。

あまり名前の知られていない宗教法人が巨大な施設を建てているのを見たことがある人も多いのではないだろうか？

またオウム真理教が事件を起こしたとき、その莫大な資金力に驚いた人も多いはずだ。

実際、宗教法人は非常に金をもっている。

日本全体の宗教法人の総収入は2兆円を超えるとされており、金融資産は20兆円～30兆円と推定されている。

不動産を含めると、その資産力は計り知れないといえる。

たとえば、2013年、創価学会は東京・信濃町に、総工費170億円の新本部ビルを落成させている。また真如苑は、2000年代、東京都の千代田区や武蔵村山市などの土地、800億円以上を購入している。

宗教法人は、経済主体として決して無視をすることのできない存在である。

なぜ宗教法人は、それほど金をもっているのか？

宗教法人というのは、金を集めやすい性質をもっている。

信者がお布施や寄進、寄付という形で対価なくお金を出してくれる。

信者1人ひとりの寄付は少なくても、多大な金額になる。たとえば1万人の信者が年間1万円ずつ寄付をしたとしても、それだけで1億円になる。しかもその1億円には、一般の企業のように、「仕入れ経費」などはないので、1億円が丸々、収益になるのだ。

だから、信者の多い巨大宗教団体は、容易に巨額の資金力をえることができる。

また宗教法人の運営には人件費があまりかからない。

信者たちがボランティア的に運営を手伝ってくれるので、専任の職員は少なくて済む。

また専任の職員も通常は信者なので、薄給で済む場合が多いのだ。

しかも、宗教団体へのお布施、寄付などには原則として税金はかからない。

ビジネス的に言えば、宗教法人というのは「元手があまりいらない上に、税金がかからない」のである。

そのため、宗教団体は非常にスピーディーに金を貯めることができるのだ。

宗教法人の優遇税制とは？

まず宗教法人の税金制度について整理しておきたい。

冒頭で述べたように、宗教法人は非常に税金で優遇されている。

宗教法人の「宗教活動でえたお金」は、原則として税金はかからない。「宗教活動でえたお金」というのは、お布施や寄付などのことである。

神社などで売られているお守りやおみくじの販売も宗教活動として非課税となっている。

国税庁のホームページでは次のように解説されている。

「お守り、お札、おみくじ等の販売のように、その売価と仕入原価との関係からみてその差額が通常の物品販売業における売買利潤ではなく、実質的な喜捨金と認められるような場合のその物品の頒布は、収益事業には該当しません」

つまりは、おみくじやお守りなどは、本来の原価は大したものではなく、神仏の「御利益」を売りにしている商品については、宗教活動と認めます、ということなのだ。

また墓地の販売も、非課税となっている。

国税庁のホームページでは、宗教団体の墓地事業について次のように説明している。

「宗教法人が行う墳墓地の貸付けは収益事業に該当しないこととされており、この墳墓地の貸付けには、その使用期間に応じて継続的に地代を徴収するもののほか、その貸付け当初に『永代使用料』として一定の金額を一括徴収するものも含まれます」

墓地の場合、「販売」とされていても、じつは「永代の貸付」とされている場合が多く、つまり、宗教法人が営む墓地販売業は、非課税なのである。

なぜ宗教法人は巨大な宗教施設を建てることができるのか？

宗教法人には巨大宗教施設がつきものである。

いろんな宗教法人が日本各地に宗教施設をもっている。

これも、じつは税金が関係している。

宗教法人の場合、「宗教施設」であれば固定資産税もかからない。

信者の集会場であったり、オフィス的な機能をもった普通のビルであっても、宗教的な催しをする場所であれば固定資産税はかからないのだ。

そして先ほども述べたように、宗教法人にはお布施や寄付などには税金がかからない。

そのため、少しお金が貯まった宗教法人は、たちまち不動産を購入することになる。

一般の企業であれば、こういうことはなかなかできない。

一般の企業は不動産を購入しても、土地の購入費はまったく経費にはできない。また建物も一括経費にはできず、耐用年数に按分して経費化していかなければならない。

たとえば民間企業が、儲かったお金を使って2億円の建物を購入したとする。

しかしこの企業は、建てた年に2億円を経費として計上することはできない。

この建物の耐用年数が20年だったとすると、2億円を20年で按分し、1年あたり1000万円ずつを経費として計上していくのだ。つまり、2億円のお金を使ってビルを購入しても、経費として計上できるのは1年あたり1000万円だけである。残りの1億9000万円は、その年の課税の対象となってしまうのだ。

だから民間企業の場合、「儲かったから、そのお金でビルを建てよう」ということはなかなかできない。よほど資金力のある企業じゃないと、不動産を購入することはできないのだ。

しかし宗教法人は、そもそも経費などは関係ないので、お金が貯まれば貯まるだけ、不動産に投資できるのだ。

そして購入した不動産には固定資産税がかからない。

そのため、ちょっと信者がいて、ちょっとした寄付があれば、たちまち不動産資産が形成されてしまうのだ。

収益事業に関する税金も、普通の企業の約60%でいい

宗教法人は、宗教活動とは別に「収益事業」を行ったりすることもある。

収益事業というのは、不動産の貸付や駐車場、出版や物品販売などのことである。物品販売も、先ほども述べたようにお守りやおみくじなどは宗教活動として非課税になる。

収益事業を行っていた場合は、当然、普通の企業と同じように税金がかかるはずであるが、この収益事業に関しても、宗教法人は優遇されているのだ。

宗教法人が収益事業を行っていた場合、所得金額（利益）の80%に関して法人税がかかる。

つまり、所得金額の20%は免除されるのである。

また宗教法人の収益事業の法人税は税率が19%となっている。普通の企業の法人税は約25%である。普通の法人税の8掛けでいいことになる。

しかも所得が20％免除されているので、実質的な法人税率は約15％である。つまり宗教法人は、普通の企業の税金の6割でいいのである。

宗教活動でえた利益には税金はかからず、収益事業でえた税金も普通の6割でいいのだ。

宗教法人優遇税制の問題点

筆者は宗教法人について頭から否定するつもりはない。

宗教というのは、太古から人の心の救いになってきた面は必ずあるし、それを信じる人たちにとっては命よりも大事な場合もある。

また現在の宗教団体のなかには、地域のコミュニティーとしての機能を果たしているようなケースも多い。生活に苦しい人に信者同士で仕事を融通したり、生活の相談に乗ってくれたりもする。貧しい家庭や孤独な老人にとって、宗教に入ることが救いになるケースも多い。

現代日本が失いつつある「地域の機能」を宗教法人が代わって果たしている面もあるといえる。

だから、宗教法人がある程度の税制優遇を受けるのは不自然ではないともいえる。

が、今の宗教法人税制を手放しで容認するわけにはいかない。

今の宗教法人税制は多々の問題点を抱えているといえるのだ。

というのも、まず第1の問題点は、「透明性」である。

社会からこれだけの巨額のお金を集め、税制でもこれだけ優遇されているのだから、会計などには、当然、「透明性」が求められる。それが社会的義務でもあるはずだ。

が、今の宗教法人は会計などに「透明性」があるとは決して言えないのである。

宗教法人は、収益事業をしていれば税務署への申告の義務がある。また収益事業をしていなくても、宗教活動で8000万円以上の収入があれば税務署に申告しなければならない。だから、名だたる宗教法人のほとんどは税務署の監査を受ける立場にあるといえる。

しかし、名だたる宗教法人のほとんどは、その政治力を駆使し、税務署の監査をきちんと受けていないのだ。

たとえば創価学会は、1990年に税務調査に入られ、墓石の売上など経理ミスで、多額の追徴課税を受けた。

が、それ以降は税務調査は入っていない。

これほどの巨大宗教団体が25年に渡って、ほとんど税務署から本格的に接触されていないのは異常なことである。これは1993年以降、政権与党に入ったため（一時的に政権から離脱したことはある）と考えられる。

国税側の意気地なしぶりもさることながら、創価学会側としても、国民の理解をえるためにもちゃんと本格的な税務調査を受けるべきではないだろうか？

本当に国民に支持をされる宗教団体になるためには、税務調査を受けるくらいの社会的責任はまっとうしなければならないはずだ。またそれは国民に対して、宗教法人の透明性を証明する上でも不可欠なことである。

住職は脱税の常習犯

これまで、宗教法人の税金の優遇制度について説明してきたが、ここで少し目を転じて、大きな宗教法人ではなく、地域の寺などの小さな宗教法人について見てみたい。

というのは、宗教法人の税制のもう1つの大きな問題がここに隠されているからだ。

じつは、寺の住職は脱税の常習犯なのである。

寺の住職というと、仏に仕える身であり、脱税なんて絶対やらないようなイメージをもっている方も多いかもしれない。

でも事実はまったく逆なのだ。

寺の住職というのは他の業種に比べて非常に脱税が多い。

寺を税務調査した場合、80～90％の割合で課税漏れが見つかるのだ。業種全体の平均値が60％台なので、お寺は平均よりも20ポイントも脱税率が高いと言える。

寺の場合、脱税する総額がそれほど大きくないので起訴まではされず、ニュースなどにはあまり取り上げられないが、実際は非常に脱税の多い業種なのだ。

寺の住職というのは、非常に脱税をやりやすい状況にある。寺の最大の収入源であるお布施に対して、領収書を発行することはほとんどない。領収書を発行しないので、取引記録が残らないのだ。

またそのやりとりは密室で行われるので、外部にはまったく見えない。

脱税は、こういう状況の時にもっともやりやすいのだ。

住職が檀家でお布施をもらい、そのままポケットに入れてしまえば脱税は簡単に成立してしまうのだ。

つまりは、住職という職業は脱税の〝誘惑〟が多いのである。

「脱税の誘惑」が多いといっても、住職は仏に仕える身、そんな誘惑に負けてほしくないものである。しかし住職も所詮、生身の人間であり、この誘惑には勝てないようなのだ。

寺の税金

そもそも寺の税金とはどうなっているのか？

寺の税金というのは、ちょっと複雑な形態になっている。寺は、ほとんどが宗教法人という組織になっている。先ほども述べたように、寺（宗教法人）の宗教活動には、税金はかからない。だから、寺本体には税金がかからないことがほとんどなのだ。

そして寺の住職というのは、その寺（宗教法人）から雇用され、給料をもらっている形になっている。そのため、その給料については税金がかかるのだ。つまりは、寺の住職は、税務上は「サラリーマンに過ぎない」のだ。

住職は、その寺の収入のなかから、毎月、決まった額を給料としてもらうことになっている。その給料には、当然、税金がかかり、寺は会社と同じように住職の給料から税金を天引きして、税務署に納めなければならないのだ。

しかし寺の多くは、住職が「経営者」となっており、会計などは住職の意のままである。

寺の会計報告や申告書などは、税務署に提出しなくていいのか？

じつは、宗教法人の税務申告は次のようになっている。

収益事業を営む公益法人は、毎事業年度終了後2か月以内に、確定申告書を所轄の税務署長へ提出しなければならない。つまり、宗教活動のほか、駐車場や不動産、物品販売などの「収益事業」を行っていれば、税務署に申告書を出さなければならない。

その確定申告書には、収益事業に係る貸借対照表および損益計算書だけでなく、収益事業外の全体の貸借対照表および損益計算書を提出しなければならないこととなっている。つまり、「収益事業」を営んでいる宗教法人は、その宗教法人全体の貸借対照表と損益計算書を添付しなければならないのだ。

が、裏を返せば、収益事業を行っていない宗教法人はその必要はないのだ。

本来、宗教法人は、その事業年度の収支計算書を原則として、事業年度終了の日から4か月以内に所轄の税務署長に提出しなければならない。

が、年間収入8000万円以下の小規模な法人などについては、収支計算書の提出を要しないこととしている。そして、8000万円の収入金額は、事業年度ごとに計算した基本財産などの運用益、会費、寄付金、事業収入などの収入の合計額によるものとされ、土地建物などの資産の売却による臨時的に発生する収入は8000万円の判定に含めないこととされている。つまりは、普通の年間収入が8000万円を超えなければ、申告書を出す必要はないのだ。

寺などの小さな宗教法人は、この8000万円ルールに守られ、申告も収支計算書の提出も不要とされているのだ。

寺の会計などは、一応、檀家などがチェックすることになっていたりはするが、それも形式的なものである。

だから、住職が寺のお布施の一部を抜いても、誰にも気づかれないし、とがめられることはない。それは当然、脱税となる。

なぜ小さな寺の住職がベンツに乗っているのか?

辺鄙《へんぴ》な寺の住職が、ベンツなどの高級車に乗っているのを見たことがないだろうか?

よくテレビ番組などでも、地方の古い寺の住職がありがたい話を聞かせた後、高級車で芸能人をどこかに案内する様子が出てきたりする。そういうのを見て、違和感を感じた人も多いだろう。

なぜ寺の住職が高級車に乗ることができるのか、と。

そこには宗教法人特有の経済システムがあるのだ。

そもそも寺の住職は経済的に非常に恵まれている。

住職の住居は寺のなかにあるので、住居費はほとんどかからない。普通の民間企業であれば、会社から住居を提供されれば、その住居費は給料と同じ扱いをされ課税される。しかし、住職の場合、「そこに住むのも宗教活動の一環」とみなされ、非課税とされているのだ。

そして、もし住居に不具合があれば、寺のお金で修繕したりできる。家具などの調度品も、寺の金から出すことができる。日々の生活でも、光熱費などは、お寺と同じ建物なので、相当部分は寺の金で出しているものと思われる。

食べ物も檀家からもらったりするものもけっこう多いので、普通の人よりは食費は安いはずだ。

また住職が乗っている車のほとんどは寺の金で買ったものである。高級車なども、じつは寺の金で買ったものであり、住職は一銭も払っていないのである。

つまり住職の生活は大半は、寺のお金で賄《まかな》っているのだ。

そして寺というのは、けっこう収入が多いものなのだ。

信心深い檀家ではないごく「普通の家」でも、年に数回は法事などをする。1回あたりだいたい5000円以上のお布施がもらえる。つまり1つの檀家から年間数万円の収入をえることができるのだ。檀家が200人もいれば、定期的な法事だけで、300万〜

400万円の収入がえられる。

しかも、お葬式という臨時収入もある。葬式のお布施や戒名などは、普段のお布施よりも1桁、2桁違ってくる。それらの収入を合わせれば、檀家が200人もいれば十分にやっていけるのだ。

地方の辺鄙な寺の住職がベンツに乗っていたりするのは、このためなのだ。

金閣寺の住職の脱税

寺の住職が脱税の常習犯だということをこれまで述べてきたが、それを象徴するような申告漏れ事案がある。

それは2011年2月に報道された、金閣寺の住職の課税漏れである。

この住職は、京都仏教会理事長で金閣寺、銀閣寺の住職も務める臨済宗相国寺派の有馬頼底《らいてい》管長である。

有馬管長は、人に頼まれて掛け軸に揮毫《きごう》などをしていたが、この揮毫でえた報酬を申告していなかったという。その額は、過去5年間で約2億円にものぼる。有馬管長はいわば日本の宗教界のドンである。そのドンが2億円もの所得を申告していなかったのだから驚きである。

有馬管長によると、揮毫の報酬は申告しなくていいと思っていたそうである。なので、過去20年もの間、揮毫の報酬は申告していなかった。実際、この住職は所得を隠したりなどの不正工作はしておらず、申告していないだけだったのだ。

それにしても、なぜ有馬管長は2億円もの巨額な報酬を「申告しなくていい」と思っていたのだろうか？

日本の税法では、どんな形であれ、収入があれば課税されるようになっている。ましてや2億円もの金をもらっていれば、税金がかかるのは当たり前の話である。この住職も、まったく税金がかからないとは思っていなかったはずである。

なので、なぜ有馬管長は申告をしていなかったのか？

そこに宗教の税金の闇があるのだ。

有馬管長は、東京の美術品販売会社などから直筆書の掛け軸や額などを販売したいとの依頼があり、年間数100点以上も揮毫していた。美術品販売会社では、その掛け軸を1点40万円で販売していた。業者は、有馬管長に「代金」を払うのではなく、「志納金《しのうきん》」という名目で支払っていた。

この志納金とは、本来は確かに非課税である。何度かふれたように現在の税法では、宗教法人が宗教活動において、信者や檀家から寄進などをうける場合、それは非課税とされている。

だから、有馬管長が志納金を非課税だと考えていたのは無理のないことではない。

しかし有馬管長の場合、これが単なる志納金ではなかったのである。

本来、志納金は宗教法人に納めるべきものである。志納金は、宗教法人が宗教活動でえたもの、という建前があるからだ。だから、有馬管長の揮毫料も、本来は金閣寺、銀閣寺などに納められるべきものである。しかし有馬管長の揮毫料は、宗教法人の帳簿には記載されておらず、「簿外」となっていた。そしてこの揮毫料は、有馬管長が管理していたのである。

これは、住職が檀家からもらったお布施を寺に入れずに、自分のポケットに入れてしまうのと同様の行為である。

有馬管長は、この揮毫料は文化財の買い戻しなどに使ったと弁明しているが、それは宗教法人としてやればいいことであり、有馬管長が志納金を個人管理する必要性はない。

揮毫などというものは、個人が依頼するものであり、正式な商取引ではない。報酬はきっちり決められているわけではなく、お互いが暗黙のうちにだいたいの相場で支払われるものである。

宗教の世界には、そのような「あいまいな取引」が多数存在する。たとえば住職が仏壇や仏具の購入の世話をしたりするケースはけっこうある。この場合に、仏具店や檀家からお礼のようなものが出たとき、それを申告しないケースも多々あると見られている。仏具の斡旋だけではなく、葬儀社のあっせん、墓地のあっせんなども住職が行うことがあるが、その際にもあいまいな取引は多々ある。

あいまいな取引であっても、収入が発生すればそこには必ず税金がかかる。しかし宗教界では、この「あいまいな取引」はどうせ発覚しないだろう、ということで、申告してこなかったのである。

また国税当局のほうも、宗教界のあいまいな取引について、それほど厳しく追及してこなかった。相手は宗教なので、下手に追及すれば、「宗教弾圧」などと批判されかねないからだ。

しかし昨今、宗教法人に対する税の優遇措置に世間の批判も高まっており、国税としても、「ここはきっちり取るべきだろう」ということで、仏教界のドンともいえる金閣寺の住職に切り込んだのだろう。

宗教法人を利用した葬儀社の脱税スキーム

宗教法人問題には、「宗教法人の優遇措置を悪用した脱税」もある。

これは、一般の企業が宗教法人を買い取り、宗教活動をしているように見せかけて、税制優遇措置を受けるというものである。

たとえば、2006年の春に発覚した東京の大手葬儀社の所得隠しがある。

この葬儀社の所得隠しの手口とは、簡単にいえば休眠している宗教法人を買い取り、そこに脱税マネーを蓄積させていたのだ。

この葬儀社は、葬儀の際、知り合いの僧侶に読経の仕事を斡旋し、その見返りとしてお布施の一部を受け取っていた。このリベートを自らが買収した宗教法人へお布施として入金していたのだ。

宗教法人は、都道府県から認定をされなくてはならず、一般の人が簡単につくれるものではない。信者の数や教典の整備など、さまざまな条件をクリアしなければならない。オウム真理教の事件以降、新規の認定は非常に高いハードルになっている。

その一方、地方の山寺など休眠状態になっている宗教法人も多い。そういう宗教法人は、ただのような値段で買い取ることができる。だから宗教法人格が欲しいものは、比較的容易に入手することができるのだ。

この葬儀社も買収という形で、東京、千葉、神奈川の3つの宗教法人を手にした。

そして前述したように、宗教法人が受け取ったお布施には税金がかからないので、僧侶から受け取ったリベートをこの宗教法人に流し込み、所得隠しをしていたのだ。この方法で、7年間に8億円もの所得隠しをしていたのである。

この所得隠しスキームは、税法の抜け穴をついた見事なものだといえる。

そもそも僧侶のお布施というのは、「領収書のいらない取引」であり、税務署はその実額を把握しにくい。そのお布施の一部をリベートとして受け取っていたとしても、税務署としては、なかなか気づくものではない。だから脱税の手口がこの時点までだったとしても、かなり発見しにくいものだといえるだろう。

しかし、この葬儀社の脱税はさらに巧妙なのだ。

念入りにも、そのリベートをリベートとして受け取るのではなく、僧侶から宗教法人への上納金というかたちをとったのである。

僧侶がお布施の一部を、上部団体に上納するのは、仏教界では常識的な話である。上納されたお布施にも税金はかからない。これは宗教団体内部の処理のことであり、国税当局がとやかくいう筋合いのものではない、ということなのだ。

つまり、この葬儀社は仏教界では常識的となっているお金の流れを使って巧妙に所得隠しをしたわけである。

ところが国税当局は、この宗教法人に不審を抱いた。理事などの役員が、葬儀社の関係者で占められていたからだ。そして、この宗教法人は、実質的に葬儀社の支配下にあるものとされ、宗教活動を隠れ蓑にした「所得隠し行為」と判断されたわけである。

宗教法人には税制改革が必要

ここまで述べてきたように、宗教法人の税制についてはさまざまな問題がある。

宗教法人が、今後、健全な発展をするためにも、宗教法人の税制は根本から議論されるべきだろう。

宗教法人がなぜ税制上、優遇されているか？

よく「信仰の自由」を根拠としてもち出されるが、それは適切ではない。信仰の自由と税金は別である。収入に対して、普通の企業と同様に税金を課したとしても、信仰の自由を脅かすものではないし、むしろ税金をきっちり払うことは宗教法人の社会的義務でもあるはずだ。

宗教法人が税制上優遇されているのは、宗教法人は慈善事業などの公益性をもつ活動が多いことも考慮されてのことである。巨大な宗教施設をバンバン建設するために税制優遇されているわけではないのだ。

ここでもち出すのが妥当かどうかはわからないが、天理教などは自発的に市に寄付金を払っている。その額は天理市の歳入の5％にも達している。天理市は、天理教の寄付なしには予算がたてられないほどなのである。

天理教の本拠地がある天理市は、天理教でもっているような市である。天理教の運営による病院、幼稚園から大学までの教育施設、信者用の260か所の宿泊施設などが、市の根幹をなしている。年間200万人にも及ぶ参拝者がもたらす経済効果で成り立っているともいえる。

天理教としては、それだけで十分に市に貢献しているという考え方もできるはずだが、市のインフラ等の多くは天理教関連が使用していることで、寄付を行っているものとみられる。

筆者は天理教が正しくて他の宗教団体が間違っているなどというつもりはない。ましてや教義の内容などには、まったく関知するものではない。

ただ社会に対する姿勢を見たとき、天理教は「大人の対応」をしていると思われるのだ。そして今後、各宗教団体が健全に発展していくためには、「大人の対応」が必要ではないだろうか。

また宗教法人というのは、一部の者が法人のお金を勝手に費消している懸念も絶えない。オウム真理教でもそうだったが、小さな寺でさえそういう事案には事欠かない。それが国民の宗教法人に対する「猜疑心」の要因にもなっているはずだ。

その疑いを払拭《ふっしょく》するためにも会計性を透明にし、社会的義務を果たす程度の納税は必要なはずである。

第3章

税金のブラックボックス「公益法人」

公益法人という税金の抜け穴

公益法人という言葉を聞いたことがあるだろう。

この公益法人も税金の抜け穴だらけになっている。

公益法人とは、公益性のある事業を行う団体のことである。

この公益法人がなぜ税金の抜け穴になっているのか？

それは、公益法人には原則として法人税がかからないので、税務署の調査があまり入らない。

そのため公益法人の会計は、内部の人間の意のままになる。つまり「公益法人の金を使いたい放題に使って税金を払わない」ということになっているのだ。

公益法人の内部の人間も、公益法人から報酬や給料をえていれば、所得税、住民税がかかる。

しかし公益法人の内部の人間は、報酬や給料というかたちを取らずに、公益法人の金を引きだし、自由に使うのだ。

そのため、公益法人の内部の人間は、事実上、「多額の報酬をえているにもかかわらず、まともに税金を払っていない」状況がある。

わかりやすい例を挙げたい。

2009年の初頭、漢検協会の「儲け過ぎ」と「不正経理疑惑」のニュースが新聞各紙を賑わせた。

このニュースのあらましを言うと、漢字検定試験などを行っている財団法人「日本漢字能力検定協会」という団体が、本来はあまりお金を儲けてはいけない公益法人にもかかわらず、15億円も利益を上げていて儲けすぎているとして、文部科学省から調査をされたのだ。

漢字検定というのは、漢字の読み書き能力を等級ごとに試験で検定するものである。1970年から始まったが、1992年に文部省（当時）が認定してから受験者が急増して、現在は英検を越えるほどになっている。

この「日本漢字検定協会」という団体は、大久保昇前理事長とその長男の浩副理事長兼事務局長が実質的に管理していたのだが、この大久保親子が関係する不動産会社「オーク」、情報処理会社「日本統計事務センター」、広告会社「メディアボックス」などに多額の支出があることもわかっている。

また「日本漢字検定協会」は、03年7月には、京都市左京区の閑静な住宅街に、邸宅（延べ１３４８㎡）付きの土地３９６９㎡を約６億７０００万円で購入している。

漢検側はこれを「漢字資料館にする」としていたが、建築物の用途は住宅となっていた。

また04年2月には天龍寺（右京区）の塔頭《たっちゅう》に、３５００万円をかけて供養塔を建てている。

さらに、長男の浩前副理事長が代表を務めていた「日本統計事務センター」は、レーシングチームのメインスポンサーになっていて、多額の資金援助をしていたことも判明した。長男の浩前副理事長は、カーレースマニアであり、個人的な趣味の費用を、漢検の収益から出しているのではないか、という疑惑をもたれている。

まあ、一連のニュースからわかることは、理事長親子がやりたい放題やっていた、ということである。

また２００７年には財団法人「日本スケート連盟」の申告漏れが指摘されている。「スケート連盟」とは、人気スポーツのフィギュアスケートなどを統括する団体である。「スケート連盟」は、２００６年の6月期までの7年間に約６０００万円の所得隠しがあったとして、東京国税局から追徴課税をくらったのだ。

この申告漏れ事案では、法定限度の7年までさかのぼって追徴されている。追徴課税は、普通は3年、長いときでも5年くらいしかさかのぼることはないので、相当悪質だったというわけだ。

前述したように財団法人は、税務調査を受けることはあまりない。にもかかわらず、なぜスケート連盟が追徴課税をくらったかというと、元会長らが連盟のお金を勝手に引き出して、私物化したり、旅行会社から旅行費用を裏でバックさせて、裏金にしたりして、それが「背任」の罪に問われていたからだ。この事件に絡んで、脱税も追及されたのである。

この財団や公益法人は、実は昔から金持ちの節税アイテムとして利用されてきた。

財団とは民法34条に定められた公益法人であり、まとまった財産を元手にして人材育成、芸術発展、技術開発などの公益事業を行う団体のことである（注・平成20年に公益法人制度改革3法が施行されているが、狭義の公益法人として記述する）。

簡単に言えば、ある財産を社会のために役立てるように管理する団体のことである。

財団が、なぜ金持ちの節税アイテムになっているかというと、財団や公益法人は、税金の面で非常な特典をもっているからなのだ。

資産家が財団をつくったり、財団に寄付をするときには税金がかからない。

普通、自分の資産をだれかにあげたりすれば、贈与税がかかってしまう。死後に譲れば相続税がかかる。

しかし財団にあげることにすれば、贈与税も相続税もかからないのだ。つまり金持ちは財団をつくれば、税金を払わずに自分の財産を他の人に移転することができる。

金持ちは、財産をもち続けていればいずれ税金でもっていかれてしまうので、財団をつくって財産を他に移すことはよくあるのだ。

財団に隠された税金のカラクリ

もちろん、ただ財団をつくるだけでは、社会に寄付をするのと同じことなので、まったく節税にはならない。

そこにはもう1つのカラクリがある。

実は財団や公益法人というのは、外部からの指導はほとんどない。

つまり財団や公益法人をつくった場合、事実上、つくった人の意のままになるのだ。

多額の財産を財団にぶちこんでも、自分の意のままになるのだから、金持ちとしてはこんなにいいことはない。名目上は、財団に寄付した金だが、実質的には自分のお金と同じなのだ。

官公庁も一応、指導をすることになっているが、それも甘いものである。

財団や公益法人は、原則として税金はかからない。だから、税務署が彼らをチェックすることはほとんどない。

となると、会計を厳しくチェックする人はだれもいない。

そのため財団や公益法人のお金の使い道は、じつは闇に包まれていることが多い。

財団や公益法人の活動は、その構成員の協議で決められる、という建前がある。しかし財団や公益法人の構成員は、創設者の息がかかった人しかいない。

だから実質的に財団や公益法人の活動は、財団をつくった人の思いのままになるのだ。

第3者を入れなくてはならないという法律もなければ、財産の運用をチェックする外部機関もない。

また財団や公益法人の役員や職員には、その財産から給料が払われる。だから身内を財団や公益法人の役員、職員にしておけば、合法的に財産を身内に移転することができる。

さらに財団や公益法人のもち物ということにして、役員に家や車を買い与えるということもときどきある。

本来、それだけのものを給料としてもらえば多額の税金がかかる。しかし、財団や公益法人のもち物ということにしておけば、まったく税金がかからずに、それを手にすることができるのだ。

だから上場企業のオーナーは財団をつくる

このように、恐ろしく節税効果の高い財団、公益法人という存在だが、ここで1つの疑問が湧いてこないだろうか？

財団はそう簡単につくれるものなのか？

ということである。

もちろん本来は財団をつくるには、さまざまな手続きが必要である。これだけの法的保護を受けられるのだから、そう簡単につくられて良いわけはない。

ところが大金持ちにとっては、ワケもなくできてしまうのだ。

財団や公益法人というのは、普通につくろうと思えば大変だが、官庁にコネさえあればつくるのは簡単である。金持ちは官庁にコネをつくることには長《た》けているので、財団や公益法人を難なくつくることができるのだ。

また金持ちのために財団をつくるプロフェッショナルもいる。彼らは官庁と特別のコネクションをもっているので、認可をとって新しく財団をつくったり、新設ができない場合は既存のものを「買収」したりもする。

もちろん、本当は財団は公的なものなので表向きは「買収」などはできない。そのため既存の理事長や役員などに、退出してもらうために、退職金という名目で買収金を払うのだ。それで、財団がめでたく手中にできる、というわけだ。

このように「財団」は、金持ちにとっては節税アイテムとしてしっかり定着している感すらある。上場企業の創業者などが、財団をつくっているケースは腐るほどあるが、それはこういう事情によるものなのだ。

また財団や公益法人は、特権をもらってそれを利用して「大儲け」することも多々ある。漢検などはその典型的なケースである。

「文部省の認定」という特権をもらっていたために、「漢字検定」は金の卵になったわけだ。官からお墨付きをえているので競争相手もおらず、まさに濡れ手に粟で、利益をえることができるのだ。

官僚の天下り先としての公益法人

公益法人には、もう1つ大きな問題がある。

それは、公益法人が官僚の天下り先になっているということである。

つまりは、税金を使って公益法人をつくり、官僚がそこに天下りし、税金をまともに払わずに、金を使いたい放題に使う、ということである。

二重の税金問題があるのだ。

日本の官庁はあまたの公益法人をつくり、そこに多額の補助金をぶち込んできた。公益法人は、全国津々浦々に誕生し、莫大な税金を浪費し続けているのだ。

なぜ官庁は公益法人をつくり続けてきたのか。

日本の公益のことを考えるとそれが必要だったからつくったのか？

もちろん、そんなわけはない。

いや、本当に公益のことを考えてつくられた公益法人もないことはない。でもそれはほんの一部である。

ほとんどの公益法人は、まったく別の目的でつくられているのだ。

その目的というのは…

「キャリア官僚たちの天下り先をつくるため」

である。

彼らがなぜ天下りの方法として公益法人をつくってきたのか、それには彼ら特有の異常な理由がある。

キャリア官僚の場合、同期の1人が事務次官にまで上り詰めたら、他の同期は皆やめる、という不文律がある。

別にそう定まっているわけではないが、慣習上そうなっているのだ。つまり、キャリア官僚のうちで、定年まで勤められるのは、同期の1人だけで、あとは皆、言ってみれば捨て鉢のようなものなのだ。

たった1人の事務次官を出すために、数十年競争させ、勝者が決まったら後はみなお払い箱なのである。彼らの官僚生活とは、まるで精子のようなものなのだ。

50歳代で、役所から放り出される彼らは、再就職が大きな問題となる。

官僚が仕事で関係のあった民間会社に再就職するのは、公務員法で制約がある。官僚で培ったコネクションを再就職に生かすわけにはいかないのだ。またコネクションの使えない元キャリア官僚など、普通の民間企業ではどこも欲しがらない。

だから、彼らは自分たちの再就職をつくるために、せっせと公益法人をつくっているのだ。

公益法人は簡単につくることができる。公益法人の認可は、大臣が行うので、事実上、官僚の意のままなのだ。

官僚たちは、もっともらしい理由をつけて公益法人をつくる。そして莫大な補助金を投入する。

そこに天下り官僚たちが理事として納まる。

公益法人では、官庁よりもはるかに高い報酬や退職金を払うことができる。公務員のように報酬の規定がないからだ。

天下り官僚たちは、それを悪用して2、3年役員として公益法人に入り、莫大な退職金を手にする。1人でいくつかの公益法人を回り、その都度、報酬と退職金をもらう。

こんなことをしていては税金が足りなくなるのは当然なのだ。

なぜ公益法人が天下り先になったのか？

キャリア官僚たちの天下りの歴史は古い。

というより、キャリア官僚という制度ができて彼らが職を辞する時期が来ると同時に、天下りはすでにできていたといえる。

天下り先は、当初、民間企業が使われていた。省庁に関係する企業に天下りし、企業はその見返りに省庁にさまざまな便宜をはかってもらう。

しかしこの民間企業への天下りは、世間の批判を浴びることになる。

そこで次に見つけ出したのが特殊法人への天下りである。特殊法人は、省庁を補うような仕事をする法人で、出資のほとんどを国や公的機関がしていた。つまり天下り先を、民間に求めるのはやめ、自前でつくったのだ。

しかし特殊法人への天下りも批判されるようになった。

80年代前半、第2次臨時行政調査会というのがあった。これは土光敏夫会長を旗振り役にし、財政再建をするために国のいろいろな問題を調査して改善しようという試みだった。

この調査のときに、「民間でできるものは、民間に委託しスリム化しなさい」という指摘をし、特殊法人なども大幅に削るように提言された。

それに対して、「官」は業務を委託すると称して公益法人を大量につくった。そのため公益法人が激増したのである。

非常にわかりにくいが、特殊法人と公益法人にははっきりと違いがある。

特殊法人というのは、言ってみれば国や地方公共団体の外郭団体であり公的機関ということになる。これが、あまりにも巨大化し税金を食うようになったため、世間から叩かれ、縮小を余儀なくされた。

その代わりに使われたのが公益法人なのである。

特殊法人は、国等の出資100%でつくられるものなので簡単につくることはできない。

しかも特殊法人バッシングのなかでは、新たに特殊法人をつくるのは、いかに官僚といえども至難の業である。

しかし公益法人は簡単につくることができる。公益法人の認可は、大臣が行うので、事実上、官僚の意のままなのだ。だから、特殊法人に対して、批判が強まった後、急速に増加したのだ。

公益法人は公的機関ではない。しかし、民間企業でもない。その中間といえる。このあいまいな存在が、官僚にとって非常に都合のいいものであり、税金無駄遣いの温床、天下りの温床となっているのだ。

公益法人にメスを入れなければ、税金問題は解決しない

公益法人は「たいして必要もない事業に多額の税金を使う」ということは前述した。しかしその他にも公益法人の害はたくさんある。

その最大のものは、コネクションがある者が通常では考えられないような有利な商売をできるということである。

公益法人というのは、官僚にとっては簡単につくれるものであるが、民間人が一から公益法人をつくることは難しい。

公益法人をつくるには、けっこうな費用がいる。

最低でも数億はかかるといわれている。公益法人と認められるまでの体裁をつくろわなければならないからである。

そして公益法人をつくるには、なにより官庁に対してコネクションが必要である。つまり金があって、官庁にコネがある者しか公益法人はつくれないのだ。

公益法人は、国が大量にばら撒いている補助金の受け皿になっている。

たとえば、国がメタボリック問題について対策費を計上する。

するとメタボリック問題を扱う公益法人などをいくつかつくる。メタボリック対策費は、この公益法人を通して、メタボリックを研究している医療機関などに配布される。もちろん計上された対策費が全額医療機関に渡されるわけではなく、間に入った公益法人がピンハネするわけだ。

このような方法で、予算を計上するごとに公益法人をつくりピンハネしているのだ。

また公益法人には、「独占営業権」をもらうタイプのものもある。

たとえば、テレビの放送を地上波から衛星波に変える際、その作業を行うために公益法人をつくる。その公益法人は、無競争で独占的にその事業を行うことができる。放送関係者は衛星波への移行には、その公益法人のサービスをえなければならない。やむをえず高い会費や手数料などを払う。そうやって、労無くして多額の収入をえることができるのだ。

冒頭に紹介した「漢検」などもこのタイプである。

つまり官僚と「金があってコネがあるもの」が、「補助金」と「独占営業権」で潤う、それが公益法人なのである。

第4章

富裕層の税金の抜け穴

抜け穴だらけの富裕層の税金

今、日本でもっとも税金を払っていない奴らは誰か？

それは富裕層である。

そういうと、「日本の富裕層の税率は、世界一高いのではないか」と反論する人もいるだろう。

インターネットの掲示板などでも、日本の富裕層は世界一高い所得税を払っている、というような意見をよく目にする。

しかし、これはまったくデタラメである。

確かに、日本の所得税の税率は世界的に見て高い。

しかし、これにはカラクリがある。

日本の富裕層の所得税にはさまざまな抜け穴があって、名目税率は高いのだけれど実質的な負担税率は驚くほど安いのだ。

むしろ、日本の富裕層は先進国でもっとも税金を払っていないといえるのだ。

わかりやすい例を示そう。

主要国の個人所得税の実質負担率（対国民所得比）

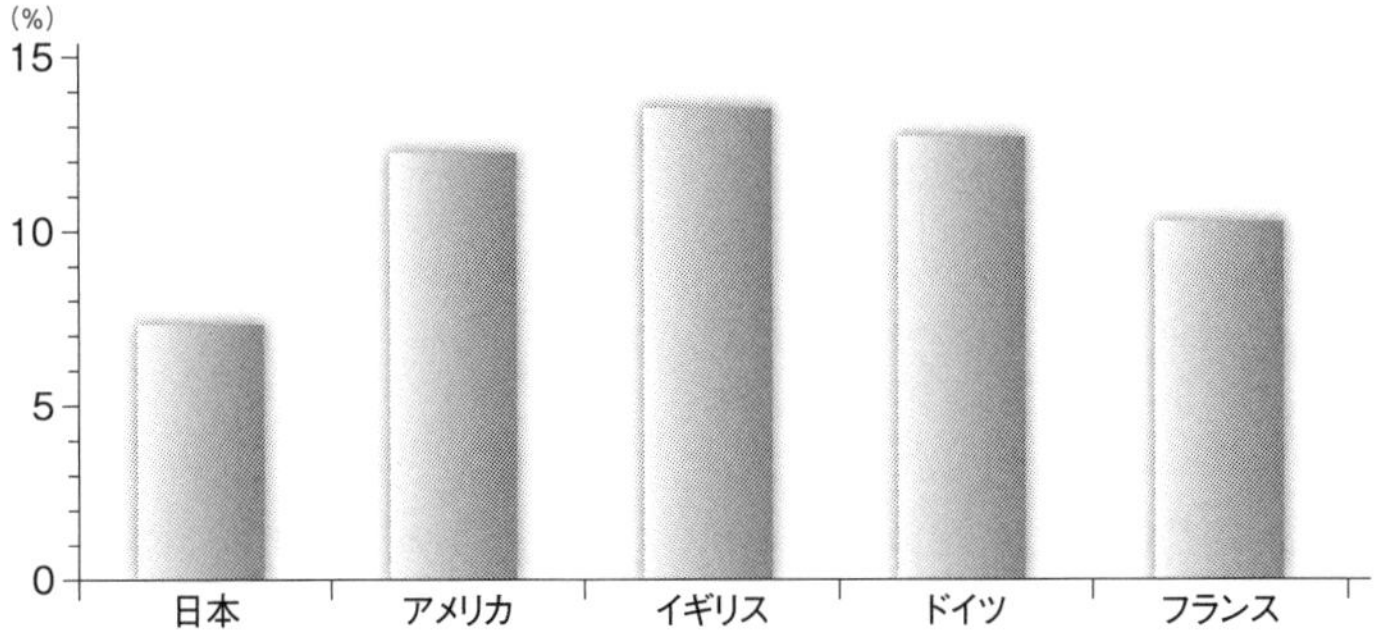

世界統計白書2012年版より

グラフを見てほしい。

これは、先進主要国の国民所得に対する個人所得税負担率を示したものである。

つまり、国民全体の所得のうち、所得課税されているのは何%かを示したものである。国民全体の所得税の負担率を示しているといえる。

じつは日本はこれがわずか7・2%である。

主要国のなかでは断トツに低い。

アメリカ、イギリス、ドイツ、フランスはどこもGDP比で10%以上の負担率がある。イギリスにいたっては、13・5%で、日本の約2倍である。

個人所得税というのは、先進国ではその大半を高額所得者が負担しているものである。国民全体の所得税負担率が低いということ、すなわち「高額所得者の負担が低い」ことを表しているのだ。

これはつまり、日本の富裕層は、先進国の富裕層に比べて断トツで税負担率が低いのである。日本の富裕層は、名目の税率は高くなっているけれど、実際に負担している額は非常に低くなっているのである。

日本の富裕層の税金はアメリカの富裕層の半分以下

日本の富裕層がいかに税金を払っていないか、というのはアメリカと比較すれば、もっともわかりやすい。

2009年のアメリカと日本の所得税の比較である。

最高税率を比べれば、当時、日本は40%、アメリカは35%なので、日本は5ポイントも高い。最高税率というのは富裕層に課されるものである。だから、最高税率だけを見れば、日本の富裕層は高い所得税を払っているような気がするだろう。

では、実際に支払われた税額を見てみよう。

日本の所得税は、わずか12兆円に過ぎない。

アメリカは、85兆7700億円（9530億ドル）である。2009年は、為替が90円から100円の間だった。

だから、少なめにして90円で換算している。

なんとアメリカの所得税の税収は、日本の7倍以上もあるのだ。

アメリカの経済規模は、日本の2倍ちょっとなので、経済規模から言えば、2倍ちょっとの差じゃないとおかしい。また日本のほうが最高税率は高いのだから、2倍程度の差になるはずだ。

にもかかわらず「アメリカの所得税収は日本の7倍以上」なのである。

経済規模を考慮しても、日本の所得税収はアメリカの半分以下といえるのだ。

最高税率はアメリカより5ポイントも高いのに、なぜ所得税の税収は2分の1以下になっているのか？

富裕層はたくさん税金を払っているけれど、貧乏人が税金を払っていないから日本の税収は低い？

それは違う。

アメリカは、収入のある人のうち46％は所得が低いということで、所得税を免除されている。

しかし日本は収入のある人のうち、所得が低いとして所得税を免除されているのは20％以下なのである。

日本の所得税は課税最低限も低い。

日米の所得税比較

	アメリカ	日本
所得税率（最高税率）	35%（2009年当時）	40%（2009年当時）
所得税収	9530億ドル 日本円（85兆7700億円・90円換算）	12兆9139億円

課税最低限とは、どのくらい以上の所得があれば、所得税が課税されるかという数値のことである。

子供が2人いる夫婦の場合、日本の課税最低所得は325万円である。つまり、325万円以上の収入があれば、税金を払わなくてはならない。

一方、アメリカでは、同じように子供が2人いる夫婦の場合、課税最低所得は376・8万円である（このデータは日本の財務省のサイトに載っていたデータなのだが、森永卓郎氏がこれをブログに掲載すると削除されてしまったのである）。

つまり日本の貧乏人は、アメリカの貧乏人よりも多くの税負担をしているわけだ。

またアメリカでは、高額所得上位10%の人が税収の70%を負担している。つまりアメリカの高額所得上位10%は、50兆円から60兆円の所得税を負担しているのだ。が、日本は上位10%の人は60%しか負担していない。

負担割合から見ても、アメリカの富裕層は日本よりも多くのものを負担しているのだ。日本の所得税は最高税率も高い、貧乏人もしっかり税金を払っている、なのに、なぜ日本の所得税の税収は、アメリカの7分の1なのか？

この不思議さこそが、じつは日本の税制の特徴なのである。

日本の税制には、いろんな抜け穴があって、実質的には富裕層の税負担は驚くほど安いのだ。

富裕層の税負担の実態を次項以下でご説明したい。

日本の富裕層は世界でいちばんケチ

アメリカの富裕層は、日本の富裕層よりはるかに良心的である。

アメリカの著名な投資家で、大富豪のウォーレン・バフェット氏が「自分たち富裕層からもっと税金を取れ」と主張をしたのは有名な話である。

当時、アメリカでも投資家への特別減税を実施しており、中間所得層よりも投資で大儲けしている人のほうが税金が安いという状況が生じていた。それに対して、もっとも恩恵を受けたはずの投資家から、自分たちの税金を上げろ、という声がでてきたのである。

アメリカという国は、なんやかんや言って、そういう部分がある国である。

またアメリカの富裕層は、たいがいの場合、慈善事業に巨額の寄付をしている。アメリカには寄付文化があるからだ。

アメリカの寄付金は、年間20兆円の規模があるとされている。20兆円というと、日本の国税収入の約半分である。

それが慈善事業などに回るのである。

一方、日本の投資家から、そういう話が出たことは一切ない。ホリエモンにしろ、財界の連中にしろ、もともと安い税金をさらに安くしようと血眼になるばかりである。

アメリカの富裕層の半分以下しか税金を払っていないのに、自分から「税金を取れ」と言ってきた人はほとんどいない。寄付もあまりしない。

そのために、個人金融資産が1500兆円にも膨れ上がったのである。

彼らの資産を有効活用することが、今の日本経済の最大課題といえるのだ。

もし日本の富裕層がアメリカ並みの税金を払えば、どうなるか？

アメリカの所得税の税収はGDPの7％前後なので、もし日本もそれくらいの税収になれば、500兆円×7％＝35兆円である。

今より20兆円以上も税収が増えるのだ。

日本の国税収入はだいたい40兆円前後なので、もし20兆円の税収増があれば、1・5倍となる。財政再建の目途もつくというものだ。

消費税を1％増やしても、増える税収は2兆円弱である。

消費税を増やすべきか、富裕層の所得税をきちんと取るべきか、猿でもわかる話だろう。

年収3億円の社長の税負担は、普通のサラリーマンより低い

日本の富裕層の税金の抜け穴がいかに大きいものか、わかりやすい例を紹介したい。

とある有名大手メーカーのオーナー社長と平均的サラリーマンの税負担率を比較した。

信じがたいことかもしれないが、年収3億円の大手オーナー社長の税負担率は、平均的サラリーマンよりもはるかに低いのである。

大手オーナー社長氏の2010年の収入は約3億4000万円である。そして彼が負担する所得税と社会保険料の合計は5438万円である。

住民税を含めても約21％に過ぎない。

次に平均的サラリーマンを見ていきたい。平成20年のサラリーマンの平均年収は約

430万円である。彼らが負担している税金と社会保険料の合計は149万円である。収入に占める割合はじつに約35%なのだ。

つまり、年収3億4000万円の大手オーナー社長よりも、平均的サラリーマンのほうが負担する税率は高くなっているのだ。

税負担率というのは、所得税だけじゃなく、社会保険料も含めた負担率を考えなければ意味がない。社会保険料も実質的に税金と同じであり、先進諸外国も社会保険料の負担率は税金負担率とみなしている。

税負担率と社会保険料負担率を合わせて考えた場合、大手オーナー社長のほうが、普通のサラリーマンよりはるかに税負担率が低いという結果になっているのだ。

なぜこうなっているのかを順にご説明しよう。

オーナー社長の税金が安いのは、まずは配当所得に対する優遇税制があるからである。

当時、配当所得は証券優遇制度のために、どんなに収入があっても所得税、住民税合わせて一律10%でいいことになっていた（持ち株割合が3%以下の場合）。

これは、配当所得を優遇することで、経済を活性化させようという小泉内閣時代の経済政策によるものである。

オーナー社長の収入の3分の2は、持ち株の配当によるものだ。だから、オーナー社長の収入の大半は、この優遇税制の恩恵を受けている。この配当収入に対して、所得税、住民税はわずか10％で済んでいるのだ。

この優遇措置は現在は終了しているが、それでも配当所得の税金は、所得税、住民税合わせて20％である。これは平均的サラリーマンの税率と変わらないのだ（詳しくは後述）。

そしてもう1つの要因が社会保険料の〝掛け金上限制度〟である。

現在の社会保険料は、事業者負担、本人負担合計で約30％となっている。

しかし、社会保険料の掛け金には上限があり、だいたい年収1000万円程度の人が最高額となる。それ以上収入がある人は、いくら多くてもそれ以上払う必要はないのだ。

だから年収1000万円を超えれば、収入が増えれば増えるほど社会保険料の負担率は下がってくる。

おおまかに言って年収1億円の人の社会保険料率は、普通の人の10分の1となり、年収3億円の人は30分の1となる。そのため、オーナー社長氏の社会保険料負担率はわずか0・4％となっているのだ。

億万長者の社会保険料負担率はわずか1％

前項で、富裕層の社会保険料負担率は、非常に低いことに触れたが、それについてもう少し詳しく説明したい。

筆者は、日本の税制が近年いかに富裕層を優遇してきたか、を述べてきた。しかし今の富裕層優遇制度は、税制だけからは図ることはできない。

国民にとって税金と同様の負担である社会保険料も含めたところで、考えなくてはならない。そして社会保険料の負担率を加味した場合、「富裕層優遇」というのは、さらに鮮明になるのだ。

今、国民の多くは、社会保険料の高さに苦しんでいる。社会保険料は年々上がり続け、税金と社会保険料を合わせた負担率は40％にのぼっている。これは実質的に世界一高いといえる。

「日本は少子高齢化社会を迎えているのだから、社会保険料が高くなるのは仕方がない」

国民の多くは、そう思って我慢しているはずだ。

しかし、億万長者（1億円以上の収入がある者）の社会保険料の負担率は、わずか2％

億万長者と平均所得者の税、社会保険料負担率の比較

	億万長者（年収１億以上）	平均所得者
税（所得税、住民税）	50%	30%
社会保険料	約2%	約14%
合計負担率	約52%	約44%

以下である。

現在の社会保険料は、原則として収入に一律に課せられている。たとえば厚生年金の場合は約８％である。しかし社会保険料の対象となる収入には上限がある。たとえば厚生年金の場合は月62万円である。

つまり62万円以上の収入がある人は、いくら収入があろうが62万円の人と同じ額の保険料しか払わなくていいのである。となると、毎月６２０万円もらっている人の保険料は、０・８％になる。普通人の10分の１である。

つまり、社会保険料は一定の収入を越えれば、収入が多ければ多いほど、社会保険料の負担率は下がるのだ。

上の表のように、税金と社会保険料を合わせた負担率は、年収1億円以上の人がだいたい約52％、平均年収（約５００万円）の人が約44％となっている。億万

長者と平均年収者の負担率は10％も変わらないのである。

なぜこんなことになっているか？

社会保険料の掛け金があまり多くなると見返りのほうが少なくなる、というのが表向きの理由である。

しかし、そもそも社会保険料は「国民全体の生活を保障するために、各人が応分の負担をする」ものである。

だから、人によっては掛け金よりもらえる金額が少なくなっても当たり前なのである。掛け金に応じて見返りがあるのなら、それは社会保険ではなく、ただの金融商品である。だから富裕層の社会保険料率が低いのは絶対におかしいのだ。ここでも「富裕層はうるさいから優遇されている」という現実があるのだ。

富裕層が普通に社会保険料を払えば年金問題はすぐに解決する！

現在の年金問題で、まず真っ先にやらなくてはならないのは、富裕層の社会保険料の負担率を他の人と同じ率に引き上げることである。

もし富裕層が普通に社会保険料を払えば、年金の財源などはすぐに賄《まかな》えるのである。国税庁の2008年の民間給与実態調査によると、サラリーマンで年金保険料の上限を超える人（年収800万円超）は12・2％もいるのだ。

これらの人が、他の人と同率で年金保険料を払うならば概算でも5〜10兆円程度の上乗せとなる。

現在、年金保険料収入は25兆円前後なので、一挙に2割から4割増しになるのだ。

しかもこれはサラリーマンだけのことであり、自営業者や配当所得者、不動産所得者の社会保険料もきっちり上乗せすれば、10兆円を超える財源が確保できるはずだ。

これだけ社会保険料収入が上がれば、年金の財源問題はほとんど収束する。

社会の恩恵をもっとも受けているのは富裕層なのである。彼らは、日本の社会が安定し、順調に経済運営が行われているからこそ富裕層になれたのである。

だから社会保障に対して、相応の負担をしなければならないのは当たり前のことである。年金問題の解決には、まずは富裕層の社会保険料の負担を引き上げるべきである。ほとんどの国民は、それに異論がないはずだ。

バブル崩壊以降、富裕層には大減税が行われてきた！

信じがたいことかもしれないが、高額所得者の税金は、ピーク時に比べれば40％も減税されてきたのである。

昨今の日本は景気が低迷し、われわれは増税や社会保険料の負担増に苦しんできた。当然、富裕層の税金も上がっているんだろう、と思っている人が多いだろう。

しかし、じつは富裕層の税金は、ずっと下がりっぱなしなのである。

この流れを見れば、政府はわざと格差社会をつくったとしか考えられない。

富裕層の減税の内容を説明しよう。

表のように所得が1億円の人の場合、１９８０年では所得税率は75％だった。しかし86年には70％に、87年には60％に、89年には50％に、そして現在は45％まで下げられたのである。

また住民税の税率も、ピーク時には18％だったものが今は10％となっている。

このため最高額で26・7兆円もあった所得税は、２００９年には12・6兆円にまで激減

1980年と2010年の所得1億円の人の税率の違い

	所得税	住民税	合計負担額
1980年	75%	13%	88%
2010年	45%	10%	55%

している。

半減以下である。

そして、この減税分はほぼ貯蓄に向かったといえるだろう。

富裕層というのは、元からいい生活をしているので収入が増えたところでそれほど消費には回されない。だから、減税されれば、それは貯蓄に向かうのだ。

その結果、「景気が悪いのに個人金融資産が激増」ということになった。

相続税も大幅に減税された

富裕層が優遇されているのは所得税だけではない。

あまり語られることはないが、相続税はこの20年間に大幅に減税されているのだ。

92ページの表のように、相続税の税率は１９８８年までは75％だったのが、２００３年では50％にまで下げられている。

相続税の最高税率の推移

	1988年まで	1991年まで	1993年まで	2002年まで	2003年以降	2015年以降
最高税率	75%	70%	70%	70%	50%	55%
対象者	5億円を超える遺産をもらった人	5億円を超える遺産をもらった人	10億円を超える遺産をもらった人	20億円を超える遺産をもらった人	3億円を超える遺産をもらった人	

遺産を1億円もらった人の相続税

平成3年 ―――――― 3480万円
平成25年 ――――― 2300万円

遺産を10億円もらった人の相続税

平成3年 ――――― 6億2980万円
平成25年 ―――― 4億5300万円

2014年の税制改正で若干、増税され55%になったがまだバブル前よりは20ポイントも低い。

この結果、相続税は税収としての機能をまったく失ってしまったのである。

ピーク時には3兆円近くあった相続税の税収は、現在1兆円ちょっとまで落ち込んでいる。約2兆円の減収である。

相続税がなぜこれほど減税されてきたかというと、「相続税は高すぎる」として、有識者や富裕層が主張してきたからである。

現在の相続税の最高税率は55%である。

「資産の55%も税金で取られるのはかわいそうだ」

などと思う人もいるだろう。

しかし、ここにも数字のトリックがある。

富裕層や税務当局は、相続税の〝55％〟という税率だけをもち出し、〝高すぎる〟と主張してきた。

しかし相続税の全貌を知れば、それが高すぎるとは絶対に思われないはずだ。

普通の人は、「相続税の税率は55％」と言われると、遺産の55％が税金でもっていかれるような印象をもつはずだ。

しかし、55％というのは名目上のことであって、実際には驚くほど税金は低いのである。

相続税は、かなり大きな財産をもらわないとかかってこない税金である。

現在（平成27年度以降）、基礎控除が3000万円あり、それに遺族1人当たり600万円の控除がある。簡単にいえば、最低でも3600万円以上の遺産相続がなければ課税されないのだ。

また相続税というのは、遺産の額によって段階的に税率が引き上げられることになっており、最初は10％からである。だから今の税法では5000万円程度の遺産相続をしても、10～15％しか税金はかかってこないのだ。

相続税の最高税率「55%」のカラクリ

平成27年の税制改正では、相続税の課税対象者が広がるとともに最高税率が上がった。これまで最高税率は50%だったのが55%になったのだ。

これに関して筆者は、最高税率はもっと上げるべきだと思っている。課税対象者を広げるより、最高税率をもっと上げるべきだ。

課税対象者を広げるということは、今までより広く浅く税金を取るということである。

しかし、現在の日本は、一部の富裕層への富の集中化が進んでいるので、広く浅くではなく、狭く深く税金を取るべきだ。

この20年間、相続税は下げられっぱなしだった。前述したように、1988年までは75%だったのが、2003年では50%にまで下げられている。

今回の税制改正で若干増税され55%になったがまだバブル前よりは20ポイントも低い。

バブル崩壊以降、財源不足を理由に、消費税が導入、増税され、社会保険料も上げ続けられたことを考えれば、相続税だけがこれほど下げられたのは不可解なことである。それも含め、今の相続税が低すぎるなんてことは絶対にない。

ご購読ありがとうございました。今後の出版企画の参考に
致したいと存じますので、ぜひご意見をお聞かせください。

書籍名

お買い求めの動機

1　書店で見て　　2　新聞広告（紙名　　　　　　　　　　）

3　書評・新刊紹介（掲載紙名　　　　　　　　　　）

4　知人・同僚のすすめ　　5　上司、先生のすすめ　　6　その他

本書の装幀（カバー），デザインなどに関するご感想

1　洒落ていた　　2　めだっていた　　3　タイトルがよい

4　まあまあ　　5　よくない　　6　その他(

本書の定価についてご意見をお聞かせください

1　高い　　2　安い　　3　手ごろ　　4　その他(

本書についてご意見をお聞かせください

どんな出版をご希望ですか（著者、テーマなど）

郵便はがき

料金受取人払郵便

牛込局承認

6893

差出有効期間
平成28年3月
31日まで
切手はいりません

162-8790

東京都新宿区矢来町114番地
神楽坂高橋ビル5F

株式会社ビジネス社

愛読者係 行

ご住所 〒

TEL:　（　　）　FAX:　（　　）

フリガナ お名前	年齢	性別 男・女
ご職業	メールアドレスまたはFAX メールまたはFAXによる新刊案内をご希望の方は、ご記入下さい。	
お買い上げ日・書店名 年　月　日	市区 町村	書店

あまりマスコミなどで報じられることはないが、昨今、富裕層の減税をしすぎたために、億万長者が激増している。それは、外資系証券会社などの発表データでも表れているし、国税庁のデータでも表れている。

バブル崩壊以降、日本人の多くは「日本経済全体が苦しいんだ」と思い込んできた。しかし、そうではないのだ。ほとんどの国民は収入が下がり、資産を減らしているなかで、富裕層だけが肥え太ってきたのだ。

その大きな要因の1つが相続税の減税だといえる。

昨今、中間層以下のサラリーマンは、社会保険料の増額や消費税の増税で大きなダメージを受けてきた。しかしその間に、資産家たちは相続税を20ポイントも下げられていたのだ。

こういう税制が格差社会を生んだと言っても過言ではない。

遺産10億円もらっても実際の相続税負担率は25％程度

相続税に関しては、よく高いか低いか、という議論がなされる。

が、実際の納税額を見てみれば、相続税は決して高くはないことがいえる。

前述の通り、現在の相続税の最高税率は55％である。この55％という数字だけを見ると、相続税は高いように感じるかもしれない。しかし相続税の全貌を知れば、それが高すぎるとは絶対に思われないはずだ。というのも、相続税には、あれやこれやの抜け穴があり、実際の税負担は非常に低いのである。

普通の人は、「相続税の税率は55％」と言われると、遺産の55％が税金でもっていかれるような印象をもつ。

しかし、55％というのは名目上のことであって、実際には驚くほど税金は低いのだ。表を見てほしい。

相続税というのは、もらった遺産により段階的に税率が上がっていくことになっている。相続税の最高税率55％が課せられる人は、6億円の遺産がもらえる超富裕層である。この6億円というのは、遺族全体の話ではない。遺族1人ひとりが6億円以上の遺産をもらった場合のことである。だから、最高税率の55％がかかる富裕層は、数十億以上の遺産をもらったものに限られる。

「普通の富裕層」くらいでは、相続税はせいぜい10～20％程度しかかかってこないのだ。たとえば、10億円の遺産をもらった遺族を例にとってみたい。法定相続人は、妻と子供

【平成27年1月1日以後の場合】相続税の速算表

法定相続分に応ずる取得金額	税率	控除額
1,000万円以下	10%	−
3,000万円以下	15%	50万円
5,000万円以下	20%	200万円
1億円以下	30%	700万円
2億円以下	40%	1,700万円
3億円以下	45%	2,700万円
6億円以下	50%	4,200万円
6億円超	55%	7,200万円

2人である。この家族構成はほぼ平均的な相続ケースである。

この遺族の相続税はいくらかというと……

妻が遺産の半分をもらった場合、その分は相続税はまったくかからない。つまり妻は5億円の遺産をもらっても相続税は無料なのである。もう半分を子供2人で分け合った場合、1人あたりの相続財産は2億5000万円である。2億5000万円に対してかかる相続税は8550万円である。これが2人なので1億7100万円である。

つまり、10億円の資産をもらっても、この遺族は合計で1億7100万円しか相続税は払わずに済むのだ。わずか17・1%である。

しかも、これは遺産を全部、現金や預貯金などでもらった場合の話である。遺産が不動産などだった場合は、さらに安くなる。居住していた家を遺産として受け取った場合、だいたい評価額は6分の1に軽減される。

だから、実際の相続税額は1億円を切ることがほとんどである。10億円の遺産に対して、10％以下の税金で済むのだ。

これを見たとき、相続税の最高税率はもっともっと上げてもいいといえるだろう。

そもそも富裕層の資産というのは、日本の国から取得したわけであり、日本という国の治安が良く、産業力もあったからえることができた資産である。

その人の努力だけで獲得したものではないのだ。

だから、一定の資産を死んだときに国に返すのは、国民として当たり前のことである。

そうしないと貧富の差が次世代に引き継がれることになる。

この20年間、相続税が減税されてきた理由

それにしても、この20年間、相続税の最高税率が下げられてきたことに疑問をもたれないだろうか？

日本は民主主義の国である。

日本の年間の死亡者のうち、相続税が発生する資産家は、これまではわずか4％に過ぎなかった。

つまり全国民のうち、相続税を払う義務があるのは4％しかいないということである。

相続税とは、日本の資産ピラミッドの頂点の4％の人たちだけにかかる税金なのである。

平成27年の税制改正で、課税対象者が1・5倍程度になると見られているが、それでも国民の6％にすぎない。

日本は民主主義の国なのに、なぜこのような少数の人たちが異常に優遇されてきたのだろうか？

なぜ数％の人にしか課せられない相続税が減税され続け、大多数の国民に課せられる社会保険料などが増額され続けてきたのだろうか？

その答えは、じつは簡単である。

国の中枢にいる国会議員には資産家が多い。

国会議員は表向きの資産は少ないが、親や親族などは莫大な資産をもっているケースが多い。

安倍首相しかり、鳩山兄弟しかり、小泉元首相しかり、田中真紀子氏もそうである。

相続税は彼らに直結する税金である。

また、国会議員らが、資金源としている「財界」の連中も、やはり大富豪ばかりである。

国会議員は、彼らの機嫌を取らなければやっていけない。

だから相続税は減税され続けてきたのだ。

第5章

開業医の超優遇税制

富裕層の多くを占める「開業医」

富裕層がまともに税金を払っていない、そして、富裕層の税金には抜け穴がたくさんあることは前述した。

富裕層の税金の抜け穴の代表的なものの1つが、開業医の税金である。

開業医というのは富裕層における代表的な職業である。

「富裕層の財布」（三浦展著・プレジデント社）という本で紹介されている2006年に行われた富裕世帯3万人のアンケート調査では、富裕層の男性でもっとも多い職業は開業医で26・3％となっている。

実に金持ちの4分の1が開業医なのだ。

会社経営者も31・5％だったが、これはラーメン店の店主も、IT企業の社長も含まれるので、同じ職業として扱うには乱暴すぎる。職業という括《くく》りで見るならば、医者が圧倒的に多いといえる。

開業医が、高額の収入をえていることは厚生労働省のデータでもわかる。平成19年の医療経済実態調査では、医者の月収は次のようになっている。

開業医（医療法人の院長）の平均月収　２、５９１、６９７円
国立病院の院長の平均月収　１、４５１、７２２円
国立病院の勤務医の平均月収　１、１１０、９０１円

開業医というのは、平均値がすでに金持ちの条件（年収3000万円以上）を満たしているのだから驚きである。

普通の医者も世間一般と比べれば高額だが、開業医はさらにその倍以上である。

なぜ日本の開業医がこんなに金持ちなのか、病院ってそんなに儲かるものなのか不思議に思われないだろうか？

最近は、公立病院などの医者のなり手がなくて困っているという話もある。

なのに、なぜ開業医はそんなに儲かっているのか？

開業医には巨大な税金の抜け穴が存在するのだ。

開業医は、税制や収入面で様々な優遇制度をもっており、それが彼らが金持ちになっている最大の要因なのである。

開業医の税金の抜け穴

開業医は税金に関して非常に優遇されている。

社会保険診療報酬の72％を経費として認められているのだ（社会保険診療報酬が2500万円以下の場合）。

簡単に言えば、「開業医は収入のうちの28％だけに課税をしましょう、72％の収入には税金はかけませんよ」ということである。

本来、事業者というのは（開業医も事業者に含まれる）、事業でえた収入から経費を差し引きその残額に課税される。

しかし開業医は、収入から無条件で72％の経費を差し引くことができるのだ。実際の経費がいくらであろうと、である。

開業医の税制優遇制度は以下の表の通りである。

たとえば、社会保険収入が5000万円だった場合は、経費は次のような計算式になる。

開業医の税金の特例

社会保険収入	算式
2,500万円以下	社会保険収入×72%
2,500万円超　3,000万円以下	社会保険収入×70%＋500万円
3,000万円超　4,000万円以下	社会保険収入×62%＋2,900万円
4,000万円超　5,000万円以下	社会保険収入×57%＋4,900万円

5000万円×57%＋490万円＝3340万円

→自動的に経費になる

この3340万円が自動的に経費として計上できるのだ。

収入の約67%にもなる。

つまり、実際には経費がいくらかかろうと、この医者は収入の67%を経費に計上できるのだ。

医者というのは技術職であり、物品販売業ではない。材料を仕入れたりすることはほとんどないので、仕入経費などはかからない。だから、基本的にあまり経費がかからないのである。

普通に計算すれば、経費はせいぜい30〜40%くらいである。にもかかわらず67%もの経費を計上できるのだ。税額にして500万円〜900万円くらいの割引になっているといえる。

開業医が儲かるはずである。

この制度は世間の批判を受け、縮小はされたが廃止されることなく現在も残っている。

なぜこういう制度ができたかというと、かなり古い話になる。

終戦直後、まだ日本が貧しい時代のことである。当時、社会保険が不十分だった日本は、医者に対する診療報酬は満足に払えなかった。

そこで昭和29年に、「社会保険診療報酬の額が少ないから引き上げろ」という要求が医者の側からなされた。

でも原資が不足気味だったので、政府は引き上げに応じなかった。その代わり、診療報酬の28％にしか税金はかけないという措置を暫定的に行ったのだ。

その暫定的な措置が医者の既得権益になってしまい、その後、診療報酬が引き上げられ、医者が十分な収入をえるようになったあとも、この72％ルールは残されてしまったのだ。

開業医には相続税もかからない

前項では開業医の優遇政策について紹介してきたが、さらに極めつけな話がある。

それは、開業医は相続税も事実上かからない、ということである。

日本の金持ちの3割を占める開業医だから、相続税も全体の3割くらいは負担してほしいところである。

しかし実際には開業医はほとんど相続税を払っていないのだ。別に脱税しているわけではない。

制度上、税金がかからないようになっているのだ。

開業医は、病院や医療機器など莫大な資産をもっている。収入が多いのだから、資産も多くて当たり前である。駅前の病院などは大変な資産価値をもつ場合も少なくない。

これらの資産は、無税で自分の子供などに引き継がれるのだ。

そのカラクリはこうである。

開業医は、自分の病院や医療施設を医療法人という名義にする。

医療法人というのは医療行為をするための団体という建前である。学校法人や財団法人などと同じように、大きな特権を与えられている。

この医療法人はつくるのはそう難しいことではない。

開業医が適当に役員名簿などを作成して申請すれば、だいたい認められる。

個人経営の病院と医療法人の病院がどう違うかというと、実際のところは全然変わらない。医療法人の病院は、ただ医療法人の名義をもっているというだけである。

医療法人は、建前の上では「公けのもの」という性質をもっている。しかし、実際には、その医療法人をつくった開業医が実質的に支配しているし、外部の人間が立ち入ることはできない。

つまり、医療法人は、事実上、特定の開業医が経営している。

にもかかわらず、医療法人は相続税がかからないのだ。

というのも、医療法人がもっている病院や医療機器は、あくまで医療法人の所有という建前がある。実質的には開業医の所有物なのだが、名目的には医療法人のもち物なのだ。

だから、実質上の経営者の開業医が死んで、息子が跡をついだとしても、それは単に医療法人のなかの役員が交代しただけという建前になるのだ。名義上は、息子は父親の資産は何ひとつ受け取っていない、ということである。実質的には、息子は父親の財産をすべて譲り受けているにもかかわらず、である。

という具合に、開業医は相続の面でも非常に恵まれているわけだ。

5浪、6浪をして医学部を目指しているという医者のバカ息子の話をときどき聞いたことがあるだろう?

これは、6浪したって開業医になれば、十二分に元が取れるからなのだ。

なぜ開業医はお金持ちなのか？

開業医は税金の優遇制度の他にも、さまざまな優遇制度をもっている。

そんなにたくさんの患者が押し掛けているようには見えない開業医が、高級なベンツなどに乗っているのは、その優遇制度のためなのだ。

なぜ開業医はそのような優遇制度をもっているのか？

じつは、開業医は強力な圧力団体をもっている。

かの有名な日本医師会という団体である。

日本医師会は、日本で最強の圧力団体と言われているが、この団体は医者の団体ではなく開業医の団体なのだ。

日本医師会という名前からすると、日本の医療制度を守る団体のような印象を受けるが、実際は開業医の利権を守る団体なのだ。

この日本医師会は自民党の有力な支持母体であり、政治献金もたくさんしているので、とても強い権力をもっているのだ。

そのため、開業医はさまざまな特権を獲得している。

その1つが診療報酬優遇制度である。

信じられないことに同じ診療報酬でも、公立病院などの報酬と私立病院（開業医）の報酬とでは額が違うのである。

たとえば再診料は普通は570円なのだが、開業医は720円となっている。ほかにも、開業医は高血圧や糖尿病の健康管理をすれば報酬をえられるなどの特権をもっている。

最近「メタボリック」という言葉が大々的に流布されたが、これも開業医の収入を増やすためのものだとも言われている。

開業医の特権「割り増し治療費」とは

開業医には、他にもいろいろな特権がある。そのなかには非常に不可解なものも多数ある。

その最たるものが「特定疾患療養管理料」というものである。

これは、高血圧、糖尿病、がん、脳卒中など幅広い病気に関して、療養管理という名目で、治療費を請求できるものだ。

大病院には、この「特定疾患療養管理料」を請求することは認められておらず、開業医にだけ認められているのだ。

簡単にいえば、大病院と開業医でまったく同じ治療をしても、開業医だけが「特定疾患療養管理料」という名目で、治療費を上乗せ請求できるのである。つまり、同じ治療を行っても開業医のほうがたくさん医療費を請求できるのだ。

患者は普通、医者の出した請求の通りに治療費を支払う。

そして、大病院と開業医との間で料金の違いがあるなどとは知らない。

それをいいことに、ドサクサに紛れて上乗せで料金を請求しているのだ。

開業医の優遇制度が国家財政を圧迫している

このように開業医は税金面で優遇されているので、名目収入以上の収入があるといえる。

開業医の所得2500万円は、サラリーマンの所得2500万円とは全然違う。

開業医の場合、収入からさまざまな経費を差し引いた後の2500万円なのである。

自分が乗っているベンツも、仕事に使うということにして、経費に計上しているはずである。医者は他の事業者に比べてさまざまな経費が認められているので、実質的にはおそらくその倍以上の収入はある。

つまり開業医の実質年収は5000万円なのだ。

そして開業医は、医者の3割にも達するのだ。

開業医のなかには、こういうことを言う人も多い。

「開業医というのは、医者と経営者の両方を兼ねているんだから、いろいろ大変なんだ。楽して儲けているわけではないんだ」

と。

しかし、それは普通の会社の経営者も同じである。経営者は皆、事業活動と企業経営の2つを同時にやっているのだ。

開業医で何千万円も儲けようというのが、もうそもそも時代の潮流からはずれているといえる。

たいして患者もいないのに何千万円も儲かるはずがない。

にもかかわらず、日本医師会という圧力団体を使ってごり押しして、無理やり開業医にそれだけの利益をもっていこうとする。そのために日本の医療制度はガタガタになってしまったといえる。

開業医が相変わらず儲けている一方で、救急医療など医者が足りない場所もたくさんある。

もし開業医の収入を他に分散すれば、医者不足などすぐに解消するはずだ。

あまり流行ってもいない病院に、ベンツが止まっている光景がよくある。そういう光景が続く限り、開業医は日本の医療のがんであり続けるのだ。

不公平な仕組みは国民の理解を得られない

開業医の優遇制度について批判すると、開業医の方からよく反論のメールなどをいただく。

「開業医も大変なんだ。医者としての仕事と同時に、経営もしなくてはならない。税金の細かい計算までしていては大変だ」

「そんなに儲かっている開業医ばかりではない」

というようなものである。

もちろん、開業医の仕事が大変だということは筆者にも想像ができる。

が、「それとこれとでは話が違う」のである。

事業者というのは、誰もが事業の仕事をしつつ、経営者としての業務もしなければならない。それは開業医に限ったことではない。なのに、なぜ開業医だけが税制で優遇措置をもっているのか、ということである。

一般の事業者よりも、はるかに有利で簡便な税制措置をもっていることが問題なのである。

この優遇措置をもっている限りは、開業医の特権について、世間の批判がやむことはないはずだ。

儲かっていない開業医がいることも事実だと思われる。が、日本全体を見た場合、開業医の平均年収は勤務医の平均年収の2倍もある。この事実を見たとき、「開業医は儲かる」という見方は逃れられないはずだ。

「勤務医より開業医のほうがはるかに儲かる」

という事実は、日本の医療制度を歪めたものにしているはずだ。

開業医に集中しているお金を医者全体に分散すれば、勤務医になる人も増えるはずだ。勤務医の人手不足も解消されるはずである。

開業医のなかには、良心的な人が多いのも筆者は一応、知っているつもりだ。夜間の急患を受け入れる小児科などもあり、休む暇もない人も多いだろう。また僻地で開業医を細々と営んで、頑張っている方もたくさんいる。

そういう方たちには筆者も敬意を払いたい。

そういう方たちには、別の形で優遇制度をつくればいいだけの話である。僻地での診療に従事している人に対しては、特別な手当てを支給するとか、急患を受け入れている小規模医院には、割増しの診療報酬制度をつくるなど。そういう「優遇制度」であれば、だれも文句は言わないし、むしろ必要なものだと感じられるはずだ。

今のように、すべての開業医に異常な優遇制度を敷かれていることは、絶対におかしいし、日本の医療制度を歪めたものにしていると批判されても仕方がないはずだ。

第6章

投資家の税金は先進国でいちばん安い

投資家の税金はサラリーマンの平均以下

株の配当や株の売買でえた収入にかかる税金の内容をあなたはご存知だろうか？

じつは、この税金も非常に安く設定されている。

つまり、投資家や株主は、税金面で非常に優遇措置を受けているのだ。

普通、国民の税金は、所得に比例して税率が上がるようになっている。これは累進課税とよばれるものである。

たとえばサラリーマンや個人事業などの収入があった場合は、所得の合計額が１９５万円以下ならば所得税と住民税合わせて税率は15％で済むが、１８００万円以上あった場合は50％となる。

つまり、収入が多い人ほど税負担が大きくなる仕組みである。

しかし、株主の配当だけは、その累進課税から除外されているのだ。つまり株主の場合は、どれだけ配当が多くても一定の税率で済むのだ。数十万円の収入しかない人も、数十億円の稼ぎがある人も同じ税率で済むのだ。

しかも、その税率が著しく低い。

普通の人と投資家との所得税率の違い

普通の人の所得税率			投資家の所得税率
課税される所得金額	税率	控除額	
195万円以下	5%	0円	普通株主（所得制限なし） 15.315%
195万円を超え 330万円以下	10%	97,500円	大口株主（所得制限なし） 20.42% ＊上場企業の株式を 3%以上保有しているもの
330万円を超え 695万円以下	20%	427,500円	
695万円を超え 900万円以下	23%	636,000円	
900万円を超え 1,800万円以下	33%	1,536,000円	
1,800万円超	40%	2,796,000円	

課税される所得金額	税率
普通の人の住民税	10%
投資家、株主の住民税	
普通株主（所得制限なし）	5%
大口株主（所得制限なし） ＊上場企業の株式を３％以上保有しているもの	10%

じつは、株の配当、売買による収入について、所得税はわずか15・315％（復興特別税含む）しかかからないのである。

何億、何十億の配当をもらっていても、たったのそれだけである所得税率15％というと、平均的なサラリーマンの税率と変わらない。

上場企業の株を3％以上保有する大口株主の場合は20・42％となるが、上場企業の株を3％以上もっているのは相当な資産家である。その大資産家にしても、わずか20％程度の税金で済むのだ。

また株の配当、売買による収入については、住民税は5％しかかからない。上場企業の株を3％以上保有する大口株主の場合は、普通の人と同じように10％となるが、それ以外の株主、投資家は5％で済むのだ。

住民税は、通常は一律10％かかるものである。サラリーマン1年生でも10％の住民税を払っているのだ。

にもかかわらず投資家だけが半額の5％で済んでいるのか、まったく謎である。

先進国でもっとも投資家の税金が安い

主要国の株式配当の所得税（上場会社の配当金）

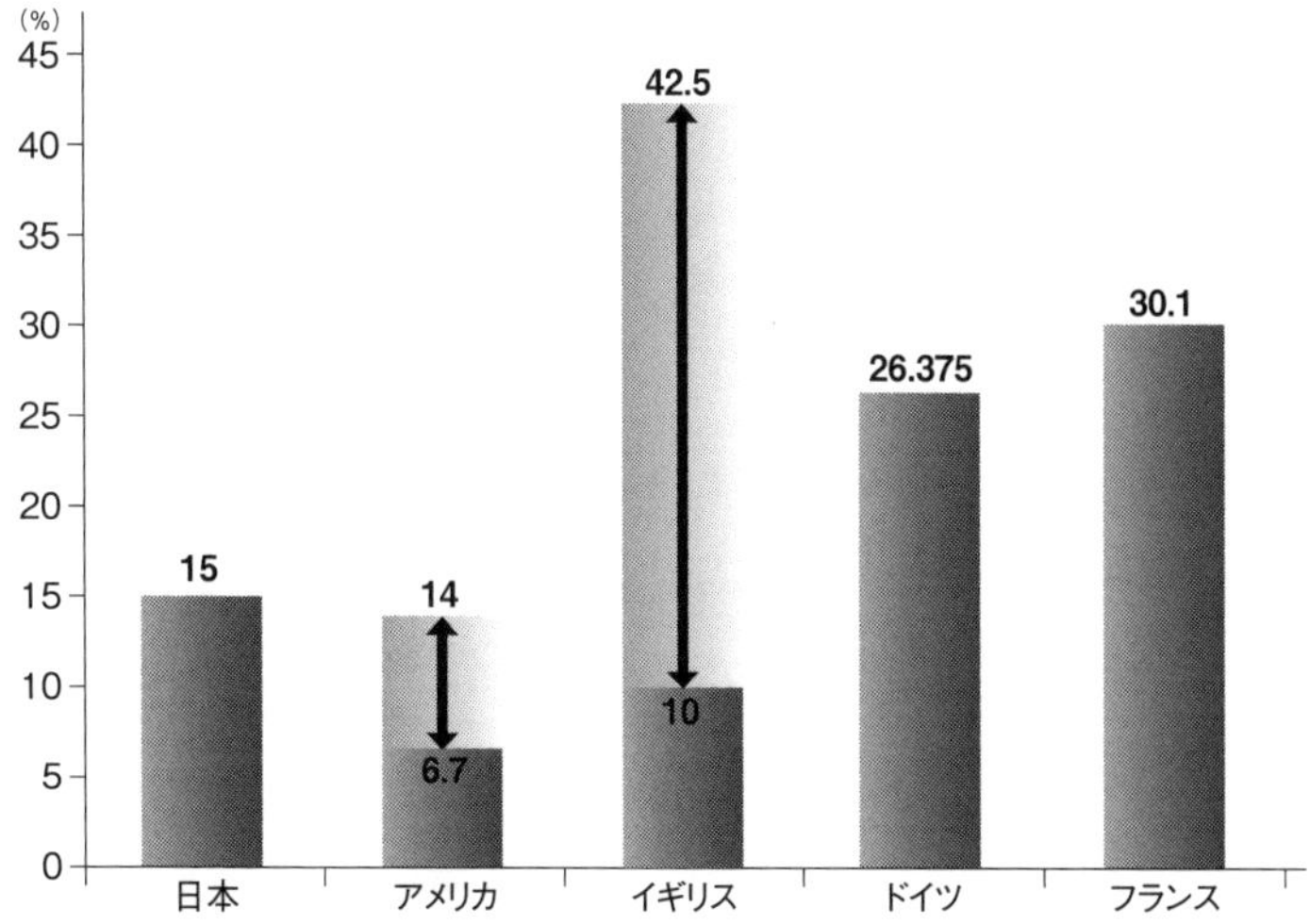

財務省サイト「主要国の配当課税の概要」より

日本が格差社会になったのも、この投資家優遇が大きな要因だといえる。

考えてみてほしい。

毎日、汗して働いているサラリーマンの平均税率が15％程度なのである。

その一方で、株をもっているだけで何千万円、何億円も収入がある人の税金も同じく15％なのである。

これで格差社会ができないはずはないのだ。

こんな投資家優遇の国は、先進国では日本だけである。

イギリス、アメリカ、フランス、ドイツなどを見ても、配当所得は金額によって税率が上がる仕組みになっており、日本の数倍の高さである。

アメリカは、現在のところ時限的な優遇措置をとっているので、最高14％となっているが、本来は50％の税率が課せられている。またアメリカでは、住民税は資産に応じて課されるため、必然的に大口投資家のような資産家は多額の税金を払わなければならない。日本のように5％で済むということはないのだ。

投資家たちを優遇する「投資組合」とは

投資家たちの税金にはさらなる優遇措置がある。

それは「投資組合」というものだ。

村上ファンドやライブドアが世間を騒がせたときに、「投資組合」という言葉がよくでてきたので、ご記憶の方も多いのではないだろうか。

組合というと、互助組合とか協同組合というような、マネーゲームとはちょっとかけ離れたイメージがある。

この投資組合って一体どういうものだろうか？

実は投資組合というのは、民法上で言うところの「組合」である。互助組合とか協同組合と基本的には同じなのだ。

投資家からお金を集めて、それを運用する「組合」という意味である。

つまり、投資家同士がお金を出し合って組合をつくり、その組合が投資活動を行うのである。

なぜ、村上ファンドやライブドアが投資組合をつくっていたのかというと、投資組合は非常に税金が安いのだ。

というより、投資組合自体にはまったく税金がかからないのだ。

なぜなら投資組合は会社ではなく「組合」だからだ。

民法上の組合は、いくら収益をあげても税金はかかってこない。収益は組合員に還元されて、税金は組合員が払うという建前なので、投資組合自体は税金を払わなくていい。

そうなると、どういうことが起きるかというと、投資組合は投資で儲かればそのお金をそのまま再投資に使うことができるのだ。

これが普通の投資会社ならばこうはいかない。

企業が投資を行ったり他企業の買収を仕掛けて利益をえた場合、その利益には多額の法人税がかかる。だから再投資をしようとするなら、利益を差し引いた残りの資金でするしかない。

だから投資会社をつくるより、投資組合をつくったほうが絶対に有利なのだ。

なぜ、このような投資家を優遇するような制度がつくられたのかというと、ちょっと込み入った事情がある。

じつは投資組合というのは、もともと中小企業など資金調達が難しい企業が資金を調達しやすくするために設けられた制度なのである。

上場していない会社、中小企業は、資金を調達する場所が非常に限られている。

その不便を解消するために、平成10年に中小企業等投資事業有限責任組合法という法律がつくられ、一般の人も「投資組合」を使えば、簡単に中小企業に投資できるようになった。

ところが、平成16年4月に投資事業有限責任組合法は改正された。小泉内閣が行った株式市場至上主義に基づく経済政策である。

この改正で中小企業だけではなく、上場された大企業にも投資できるようになった。

中小企業の資金確保という当初の目的はまったく崩れ、マネーゲームを後押しするシステムになったのだ。

この改正で、村上ファンドやライブドアなどが台頭してくることになった。

この小泉内閣の動きはアメリカのマネーゲームを真似したものだ。

アメリカは80年代からマネーゲームを加速させＩＴバブルを起こし、ＩＴバブルがはじけた後は住宅バブルを起こして、一時的に経済を活性化させてきた。つまりわざとバブルを起こすことによって経済を支えてきたのだ。

日本もそれにならって、人為的にバブルを起こして、経済を活性化させようとしたわけである。

そして日本も小泉内閣の時代に一時的に株価が上がり、経済も活性化した。でもそんなことがいつまでも続くはずはない。好況の根本がバブルだったので、そのうちはじけるのは見えていたのだ。やがて小泉バブルははじけた。

現在、アベノミクスで株価は大幅に上昇している。

しかし、これも人為的に株価を押し上げたものであり、経済成長の裏付けがあるものではない。その行く末はいわずもがなである。

第7章

海外に逃げる税金

竹中平蔵氏の脱税疑惑

昨今、富裕層は海外を使って節（逃）税しているケースも多い。

海外には日本国内と違って、さまざまな節税策がある。

まずもっともわかりやすいのが海外に居住することである。

海外に居住するとどうして節税になるかというと、住所地が海外にある人は日本で生じた所得だけにしか所得税は課せられないからである。

海外に居住している人の日本の所得税、住民税は129ページの表のようになっている。

もちろん、海外の居住先の税法に従わなければならないので、海外で税金を払うケースもある。しかし、海外の所得税のほうが安ければ、その差額分だけ税金が安くなるのだ。

だからときには、住民票だけ海外に移す方法で節税をしたり、一定期間だけ海外に居住して節税するケースもある。

日本の国内に住所地がない「非居住者」になるには、1年間のうちだいたい半分以上、海外で生活しておかなければならないことになっているが、じつは厳密な区分はない。

たとえば竹中平蔵氏はかつて住民票をアメリカに移し、日本では住民税を払っていなか

海外に居住している人の日本の所得税、住民税

	所得税	住民税
日本から収入がある人	日本からの収入にのみ課税	非課税
日本からの収入がない人	非課税	非課税

った。

住民税というのは、住民票を置いている市町村からかかってくる。だから、住民票を日本に置いてなければ住民税はかかってこない。

これが、本当にアメリカに移住していたのなら問題はない。でも、どうやらそうではなかったのだ。

彼はこの当時、アメリカでも研究活動をしていたので、住民票をアメリカに移しても不思議ではない。でもアメリカでやっていたのは研究だけであり、仕事は日本でしていた。竹中平蔵氏は当時慶応大学教授であり、実際にちゃんと教授として働いていたのだ。

竹中平蔵氏はこの時期、所得税の申告は日本で行っている。もし竹中平蔵氏が本当にアメリカに居住していたのであれば、所得税も日本で申告する必要はない。

なぜ所得税は日本で申告したのに、住民税は納めていなかったのか？

これが国会でも一時問題になった住民税の脱税疑惑の根幹である。

住民税は、1月1日に住民票のある市町村に納付する仕組みになっている。1月1日に住民票がなければ、どの市町村も納税の督促をすることはない。だから、1月1日をはさんで住民票をアメリカに移せば住民税は逃れられるのだ。

竹中平蔵氏は、どうやらこの仕組みを利用していたらしい。

竹中平蔵氏は、「住民税は日本では払っていないがアメリカで払った」と国会で主張している。日本で払っていなくてもアメリカで払っていたのなら、ともかく筋は通る。

それを聞いた野党は、「ならばアメリカでの納税証明書を出せ」と言った。でも竹中氏は最後まで納税証明書を国会に提出しなかった。

住民税は所得税と連動している。所得税の申告書を元にして、住民税の申告書が作成される。

これはアメリカでも同じである。

国内で所得が発生している人にだけ住民税がかかるようになっているので、アメリカで所得が発生していない竹中氏が住民税だけを払ったとは考えにくい。

税制の専門家たちのなかにも、竹中氏は違法に近いと主張をしている人もいる。

日本大学の名誉教授の北野弘久氏もその1人である。北野教授は国税庁出身であり、彼の著作は国税の現場の職員も教科書代わりに使っている税法の権威者である。その北野教授が竹中平蔵氏は黒に近いと言っているのだ。

でもこの脱税疑惑はうやむやになってしまった。

またこれと似たようなケースで、ハリー・ポッター翻訳者の課税漏れというのがある。

2006年、ハリー・ポッター翻訳者が居住地をスイスにし、日本では確定申告をしていなかったのだが、国税当局は「実際は日本に住んでいた」として、約7億円の追徴課税をしたのだ。

日本で本を出している翻訳者や作家などが海外に居住している場合、印税は源泉徴収される。でも税金はその源泉徴収分だけでよく、日本で確定申告する必要はない。

だから海外の税金の安い地域に住んだほうが節税になる。

この場合、ハリー・ポッターの翻訳者の方は、スイスにときどき住んでおり、またスイスの所得税のほうが安いので、住所地をスイスにしておいたわけだ。

でも日本の税務当局は、生活の実態は日本にある、として日本での税務申告を求めたのだ。ハリー・ポッターの翻訳者に関しては居住の実態をしっかり確認し、追徴課税しているのに対し、竹中平蔵氏には厳正な調査が行われることもなく、お咎《とが》めなしとなった。

ここでも、権力を握っている者は強いといえるである。

利子、配当に税金がかからない国々

海外移住することで逃れられる税金は他にもある。

海外に住めば海外での利子所得、配当所得に税金がかからないのだ。

最近、外国企業に投資をしたり、外国の銀行に預金をする人が増えている。日本は低金利が続いている。日本で預金したって全然利子がつかないが、外国の預金だったら5%くらいの利子は普通についてくる。

さて、その外国企業からの配当や外国銀行での預金の利子のことだが、これは日本に住んでいる限り、日本の税金がかかってくる。

が、外国企業への投資配当や外国銀行での預金利子は、国外に住んでいれば日本の税金はかからない。

もちろん、外国に住めば外国の税金がかかるので、日本の税金がかからなくても、それだけで税金が安くなるとは限らない。

しかし、タックスヘイブン（次項以下で詳しく紹介）などに住めば、配当や利子にはほとんど税金がかからない。

たとえばシンガポール。

この国は、キャピタルゲインには課税されていない。つまり株式や不動産投資でいくら儲けても、税金は一切かからないのだ。そのうえ所得税は最高でも20％（2017年から22％に引き上げ予定）、法人税は17％と、日本に比べれば非常に低い。

だからヘッジファンドのマネージャーなどがシンガポールに住んでいるケースも非常に多いのだ。

シンガポールは国策として、海外の富豪や投資家などを誘致しようとしている。彼らがたくさん稼いで多額の金を落としてくれれば、シンガポールとしては潤うからである。

そのためさまざまな便宜を図っているのだ。ちなみに、シンガポールでは贈与税や相続税もない。

だからシンガポールで稼いで、その金をシンガポール在住の子供に贈与すれば、税金はまったくかからないことになる。

世界中から富豪がこの国に集まってくるのも無理のない話だといえるだろう。

またシンガポールに対抗して、香港でも似たような制度を敷いている。香港にも同じように移り住む金持ちが増えている。

このように外国企業からの配当などで大きな利益をえている人は、タックスヘイブンと呼ばれる地域に住むケースが増えているのだ。

「タックスヘイブン」とは

最近、「タックスヘイブン」などという言葉をときどき聞かれるのではないだろうか。

このタックスヘイブンというのは、日本人としては「税金天国」と訳してしまいそうだが、直訳すれば「租税回避地」ということになる。

タックスヘイブンは、その名の通り、税金がほとんどかからない国、地域のことである。

タックスヘイブンに住居地を置けば税金はほとんどかからないのだ。

タックスヘイブンの主な国、地域は南太平洋の小国、ケイマン諸島などである。

「いくら税金が安いと言っても、南太平洋などに住むわけにはいかないよ」

と普通の人は思うだろう。

確かに、普通の人、サラリーマンなどにとってタックスヘイブンに住むことなど絶対無理である。

だから普通の人にとってタックスヘイブンには何の魅力もない。

しかし金持ちにとっては、これ以上ないほどの魅力をもっている地域なのだ。

日本で生活する必要のない人、日本であくせく働く必要のない金持ちは、タックスヘイブンに居住するのだ。そうすれば日本のように高い所得税や住民税を払う必要はなくなるのだ。

各国を股にかけている会社が、本拠地をここに置いておけば法人税の節税もできる。タックスヘイブンに本社を置いて、各国には子会社を置く。そして各国の利益はタックスヘイブンの本社に集中するようにしておくのだ。

そうすればその企業グループ全体では、税金を非常に安くすることができる。だから、本社をタックスヘイブンに置いている多国籍企業も多い。

特にヘッジファンドと呼ばれる投資企業の多くはタックスヘイブンに本籍を置いている。かの村上ファンドが、シンガポールに本拠地を移したのも、シンガポールがタックスヘイブンだったからなのだ。

またブルドックソースを買収しようとした投資グループ「スティール・パートナーズ」も、本籍地はタックスヘイブンで有名なケイマンになっている。

タックスヘイブンは税金が安いこととともに、日本の税務当局の目が届きにくいという利点もある。

だから、表向きにできない脱税マネーや裏金などをタックスヘイブンに移したり、やばい取引をタックスヘイブン経由で行うケースも増えている。

また資産家が自分の資産を少しずつタックスヘイブンにもち出すケースも多いと言われている。

莫大な資産をもっていれば、自分が死んだとき、遺族に莫大な相続税がかかってくる。だから資産をタックスヘイブンに移しておいて、日本の税務当局に見つからないようにするというわけだ。

もちろん、これは脱税である。

でも、タックスヘイブンの金融機関は秘密保持が徹底しており、金持ちにとってはスイスなどと同様、貴重な隠し口座となっているのだ。

またタックスヘイブンに連動して、「オフショア取引」という言葉も最近よく耳にするだろう。

オフショア取引は、非居住者が行う投資活動のことである。

タックスヘイブンなどにおいて外国人投資家が、その国以外の国に投資活動などをすることだ。だから当時国にとっては自国内で、外国人投資家が外国企業への投資をすることになる。

オフショアとは陸地から「離れた沖合」の意味で、「国家の関与から離れたところで行う取引」ということである。

そして自国の国内市場とは区分して、外国との取引のみを行う市場をオフショア市場という。

オフショア市場はタックスヘイブンだけではなく、先進諸国でもつくられている。日本にもオフショア市場はある。

富裕層は世界各地のタックスヘイブンやオフショア取引を巧みに利用して、税金を逃れているのである。

なぜタックスヘイブンができたのか？

前項では、金持ちの逃税先となっている「タックスヘイブン」のことを紹介したが、そもそもなぜこういう国、地域ができたのか？

税金を安くしたら、その国や地域は大変である。彼らは何のために税金を安くしているのだろうか？

もちろん、彼の地には彼の地なりの計算がありメリットがあるので、タックスヘイブンをつくっているわけだ。

じつはタックスヘイブンの歴史は古い。

19世紀のことである。西洋の列強がアジア、アメリカ、アフリカを手当たり次第に食い散らかしていた時代。

当時、企業のグローバル化が起こり始めた。今の多国籍企業と同じように、世界を股にかけて商売をする企業が増えていたのだ。そういう企業は当然、税金の安い地域に本拠地を置く。

そういう多国籍企業の1つがある事件を起こした。

その多国籍企業は、ダイヤモンドで有名なデ・ビアス社である。デ・ビアス社は、長くダイヤモンドの世界シェアの9割近くを維持していたといわれる史上最大のダイヤモンド取引業者だ。

19世紀後半から、西洋各国では税金が上がり始めた。たび重なる戦乱で、各国とも歳入が不足していたので企業の税金を上げたのだ。

そこでデ・ビアス社はある対策を講じた。デ・ビアス社はイギリス系の会社だが、税金を安くするために本社を南アフリカに置いたのである。

当時のイギリスでは植民地への投資を増やすために、植民地の企業の税金は安くしていた。南アフリカも税金が安かったのだ。そこにデ・ビアス社は目をつけたというわけである。

しかしイギリスの税務当局は、デ・ビアス社に対してイギリスでの納税を課した。デ・ビアス社の取締役会はイギリスにあり、実質的に経営はイギリスで行われているので、イギリスで課税されるべきだという判断がされたのだ。

しかし、イギリス税務当局のこの判断は、多国籍企業に節税のヒントを与えることになった。

「取締役会をイギリスで行っているから、イギリスの税金がかかるというのなら、取締役会を植民地で行えば植民地の税金で済むはず」

というわけだ。

そこでまずエジプトで不動産事業をしていたエジプトデルタ地帯開発会社が取締役会の場所をカイロに移したのだ。

イギリスの税務当局は、このエジプトデルタ地帯開発会社にもイギリスでの課税をしようとしたが、今度は裁判所が待ったをかけた。

「エジプトで経営されている事実があるので、イギリスで課税することはできない」

ということになったのだ。

この後、イギリスの多国籍企業はこぞって取締役会を植民地で行うようになった。

現在、タックスヘイブンにイギリスの旧植民地だったところが多いのは、このためなのだ。

そしてこれはイギリス植民地にとっても好都合だった。

イギリス植民地は、多国籍企業がたくさん籍を置いてくれるので税収が上がる。会社が籍を置けば、それなりの登記費用などがかかるし、また会社はある程度、その地域にお金を落としてくれる。

イギリス植民地にとって、それは貴重な財源となったのだ。

だからイギリス植民地は、第2次大戦後に相次いで独立した後も、税制はそのままにしておいた。せっかく籍を置いてくれている多国籍企業に出て行かれないためにである。

また旧イギリス植民地にならって、他の貧しい国や地域も税金を安くして多国籍企業や資産家を誘致するようになった。

それがタックスヘイブンの成り立ちというわけである。

頭を痛める先進諸国

このタックスヘイブン、先進諸国にとっては頭の痛い問題である。

国内の企業が成長し、多国籍企業になると、本社をタックスヘイブンに移されてしまうのだ。そうなると母国では税金が取れなくなる。

ただでさえ税収不足に悩まされている先進諸国にとって、これは大問題でもある。

たとえばアメリカは、自国の企業のうち1万社近くがケイマン諸島に本拠地を移しているとされている。

ここでアメリカは、年間1000億ドル（11兆円）の税収を失っているといわれているのだ。

日本では、はっきりした統計はないが、兆に近い単位で税収が失われていると見られる。

もちろん、先進諸国もただ手をこまねいているわけではない。各国が協調してこの対策に乗り出した。

で、その結果、タックスヘイブンに籍があっても実質的に母国に本拠地がある場合は、母国で税金を課せられるという方針を打ち出した。

日本でも、この線に沿ってタックスヘイブン対策の法律が施行されている。

タックスヘイブンに本籍がある企業でも、もっぱら日本で活動しているのであれば、日本で税金を納めなくてはならないというものだ。

しかし、この法律もタックスヘイブン節税を完全に防ぐものではない。

というのも、タックスヘイブンには各国のタックスヘイブン対策の網の目をすり抜けるような仕組みができつつあるのだ。

タックスヘイブンには各国から集まってくる企業や資産家を守るためのサービスをする会社も数多く存在する。

それらのサービス会社は、多国籍企業のオフィスをタックスヘイブンに開設し、従業員もいるようにして、本社としての実体があるかのようなアリバイ工作をしてくれるのだ。またそれらのサービス会社には弁護士がついているので、いざというときは法的な裏付けをとってくれたりもする。

そこまでされれば、先進諸国の税務当局もなかなか手を出せるものではない。

もちろん、トヨタのような大会社がタックスヘイブンに行くようなことはありえない。本社の機能は日本に置いてないと企業活動ができないからだ。

しかし、どこに本社があっても差し支えないようなちょっとした投資会社などは、タックスヘイブンに移ることも可能である。

だから、世界中の主な投資ファンドはタックスヘイブンを本拠地にしているのだ。

この問題は、先進国と途上国の経済格差も関係していることから、しばらくは解決できないかもしれない。

武富士親子の史上最大の相続税逃れ

武富士の元会長親子が、海外を使って相続税の節税を図り、国税と争っていたことをご存知だろうか？

国税が完全に敗北し、巨額の還付金を支払ったのである。

この武富士の相続税の節税は、じつに巧妙なものだった。

スキームは簡単にいえば次のようなことである。

武富士の元会長が生前、自分の長男にと、あるオランダの会社の株を贈与した。このオランダの会社は、武富士の株をもっていたので、実質的に武富士の株と同じ価値をもっている。

その額は、推定2600億円以上。小市民にとっては想像もつかない額である。

本来ならば、武富士元会長の長男は、1300億円の贈与税を払わなければならないところだ。

しかし武富士元会長の長男は当時、香港に住んでいた。

この当時の税法では、外国にある資産を外国に住む人に贈与した場合は贈与税はかからないということになっていた。

たとえばイギリスに住んでいる自分の娘に、アメリカにもっていた家を贈与した場合は贈与税はかからなかったのだ。

武富士の元会長はその制度というか、抜け穴を利用したわけである。この制度が改正される直前に、長男に贈与をしているわけだ。

贈与税というのは、だれかに金やモノをあげたときにかかってくる税金である。当時の最高税率は50%だった(現在は55%)。

贈与税は、相続税の取りっぱぐれを防ぐためにつくられたものだ。

資産家は、相続税対策のためになるべく自分の資産を減らそうとする。生前に自分の資産を家族などに贈与して分散してしまうのだ。それを許していると相続税が取れなくなるために、贈与したときにも税金がかかるようにしたのだ。

国税当局は、「長男は香港に住民票を移しているが、実際は日本で生活しており香港に住民票を移したのは課税逃れのためにすぎない、実際は日本に住んでいたのだから日本の贈与税はかかる」という判断をして追徴課税をくらわせた。

それに対して武富士側は国税局の処分を不服とし、税務訴訟を起こした。

最高裁まで争われた判決では、武富士元会長の長男は香港に在住していたので課税できないとして、課税の取り消しを命じた。

その結果、武富士側は利子分も含めて約2000億円が国税から返還されたのである。

しかし現在は、この武富士のような「節税」はできなくなっている。

現在の税法では、海外で資産を贈与した場合に、日本の贈与税を逃れるには次のいずれかの条件を満たさなくてはならない。

・親子ともに5年以上海外で住み、資産を譲渡した場合
・子供が海外に居住し、日本国籍から外れた場合

つまり、わかりやすく言えば、親子ともに海外で5年以上居住するか、子供が日本国籍を捨てなければならない、ということである。

ここまでして贈与税を逃れるという富裕層もそうはいないと考えられ、とりあえず武富士のケースのような法の抜け穴は塞がれたわけである。

海外は脱税にも利用される

海外という場所は節税だけではなく脱税にも利用されている。

海外を舞台にして架空の取引を行って法人税や所得税を逃れたり、財産を海外に移し、相続税などの申告を逃れるのだ。

海外というのは、国内に比べれば取引内容や財産を隠しやすい。国内の取引であれば、税務署は調べようと思えばすぐに調べられる。

銀行や金融機関に隠していても、税務署は文書1つで金融機関内のすべての口座をチェックすることができる。家のなかに隠しているのであれば家探しをすることもできる。

しかし海外となるとそうはいかない。

海外の金融機関を日本の税務署が調べようとすれば、非常に煩雑な手続きを要する。租税条約を結んでいる国に対しては、お互い調査ができる取り決めになっているが、それも一定の手続きを踏まなければならない。

また現地に赴いて調査しようにも、税務署も調査費に限りがあるので、そうそう海外に行けるものではない。

なので、金持ちは海外を使って脱税をするようになったのだ。

税務署もその点は気づいており、昨今では海外の資産隠しの摘発にも力を入れるようになっている。

また税法も改正され、さまざまな網の目もつくられている。

2013年末からは、「国外財産調書制度」がスタートした。これは海外に5000万円超の資産を保有する場合、税務署に申告しなければならない、というものである。もし違反すれば懲役刑もある。

現在、日本から海外に100万円以上送金すると、金融機関から税務当局に報告されることになっている。

ただ、これで海外を使った脱税がなくなるということではないだろう。

資産を報告せずに、現金でもち出すケースもあるだろうし、地下銀行を使う手もある。

また国税当局の国際化は進んでいるとは言いがたい。

国税庁は、全国に国際取引プロジェクトチームをつくったり、海外取引を専門にする部署を設置したりしている。

また海外取引専門の調査官を養成するために、国際租税セミナーという研修を行っている。しかし、現実には英語が理解できる職員さえそう多くない。

中国、東南アジアと広がっていく経済のグローバル化に対応するためには、さらなる努力が必要だと言える。

第8章

大地主の税金は6分の1

大地主の税金も優遇されている

「大地主」という業種も、大きな税金の抜け穴をもっている。

あまり知られていないが、土地に対する税金「固定資産税」は、じつは大地主に非常に有利になっているのだ。

固定資産税には、狭い住宅地（200㎡以下）には大幅な割引特例制度がある。

固定資産税は、土地や建物の評価額に対して1・4%かかることになっている。

しかし住宅用の狭い土地（200㎡以下）に関しては、固定資産税は6分の1でいいという規定がある。

これは、住宅地の税金が高くなってしまうと、庶民の生活費を圧迫するからである。この規定は妥当なものだといえる。

しかし、この6分の1の規定が巨大マンションを棟ごともっている人などにも適用されているのである。つまり、この割引特例制度がなぜか巨大なマンションを何棟ももっているような大地主にも適用されているのだ。

なので、猫の額ほどの住宅をもっている人と大地主が同じ税率になっているのである。

なぜそのようなことになっているのか？

この「6分の1の規定」は1戸あたりの住宅面積が200㎡以下であれば適用されることになっており、巨大マンションでもだいたい1部屋あたりの土地面積は200㎡以下になるからである。

つまり、この「6分の1の規定」は持ち家だけではなく、貸家、貸マンション、貸アパートにも適用されているということだ。

だから、時価総額100億円を超える巨大なマンションをもっている人も、狭い中古住宅を購入した人も、土地の固定資産税は同じ税率になっているのだ。

なぜ貸マンションなどにも「6分の1の規定」が適用されるのかというと、表向きは「貸家の固定資産税が高くなると、家賃に上乗せされるから」という理由になっている。

しかし、実際は大地主を優遇しているだけなのである。

なぜ大地主の税金は安いのか？

税務当局は、「貸マンションや貸アパートの固定資産税を上げると、家賃が高くなるので、できない」という説明をしている。

しかし、貸マンションや貸アパートの固定資産税が高くなっても、それが家賃にすぐさま反映されるわけではない。

ものの値段というのは、経費の高低ではなく、市場価値で決まるのである。それは経済学の常識である。だから貸家の固定資産税が高くても、市場価値が低ければ家賃は下がる（逆もまたしかり）。

また貸家の固定資産税が高く、マイホームの固定資産税が安いとなれば、人々は貸家を脱してマイホームを買おうとする。となれば、ますます貸家の価値は下がり、家賃は下がるはずなのだ。

実際、終戦直後には地主に対して高額の税金が課せられ、「貸すより売るほうが得」という事態になったため、多くの住宅地が安く売りに出され、マイホームを手にした人が激増したのである。

なので、普通に考えれば大地主からはしっかり税金をとっていいのである。

でも、大地主は有力者が多いので、なかなか税金を取れないのだ。

また昨今では大手不動産会社が大きなマンションを所有、経営しているケースも多々ある。この固定資産税も、6分の1となっている。これも非常におかしいはずだが、力関係により、なかなか税金が取れないのだ。

貧困ビジネス

「貧困ビジネス」という言葉をご存知だろうか？

「貧困ビジネス」とは貧困者を相手にしたビジネスのことで、昨今、急激に事業者が増えている。

どういうビジネスなのか具体的に言えば、「福祉アパート」と呼ばれるものがそれである。「福祉アパート」とは、路上生活者などに部屋や食事を提供するビジネスのことである。彼らは慈善事業者ではない。路上生活者に住民票を取らせることで生活保護を受給させ、その生活保護費から部屋代や各種手数料などを徴収しているのである。

一見、社会正義のように見えるこの貧困ビジネスだが、実態はそうでもない。行くあてのない路上生活者の弱みに付け込み、生活保護費の大半を巻き上げるケースも多いのである。そのため貧困ビジネスは社会問題化しつつある。

そして、この貧困ビジネスには、もう1つ問題がある。それは脱税が多いということだ。

2011年11月の大阪国税局の発表によると、西成区のあいりん地区の福祉アパート事業者20社を税務調査したところ、約3億円の申告漏れが見つかった。そのうち2億円は悪質な所得隠しであり、追徴税は1億円に上ったという。

福祉アパートの脱税の手口は単純である。

宿泊料の一部を除外したり、併設されたコインランドリーやゲームセンターの売上を除外したりというものである。

あいりん地区の福祉アパートは、以前は簡易宿泊所だったものが多い。簡易宿泊所というのは1泊1000円前後で宿泊できる格安の宿泊所である。この地区には以前は全国から労働者が集まっていたので簡易宿泊所が多かった。しかし、長引く不況の影響で労働者が宿泊費を払えなくなり、路上生活するケースが増えたのだ。

路上生活者は住民票がないので生活保護が受けられない。しかし福祉アパートに収容し、住民票をとらせて生活保護を受けられるようになれば毎月一定の収入が生じる。

また路上生活者は、他に行くあてもなく自分でアパートを借りる財力もないことから、一旦、福祉アパートに入居すれば長くとどまることになる。だから福祉アパートは簡易宿泊所よりも安定した稼ぎがえられる。そのため福祉アパートが急増したのである。不景気を逆手にとったすさまじい商魂だといえるだろう。

第9章

教育現場は税金の怪物

学校は脱税の温床

学校関係者も税金をまともも払っていないケースが多い。

というのは、学校は法人税がかからないことになっている。つまり税務署のチェックをあまり受けないで済む。

税務署のチェックを受けないということは、学校の経理がいい加減になるということでもある。そのため、学校内の有力人物が学校のお金を好き放題に使っても、それは所得として加算されない。結果的に「税金を払わずに多額の収入をえる」ということになるのだ。

たとえば昨今、以下のような記事が配信されている。

大阪桐蔭前校長らを告発＝１７００万円横領容疑－教職員組合

大阪桐蔭中学・高校（大阪府大東市）の裏金不正流用問題で、運営主体の学校法人・大阪産業大学（同市）の教職員組合は９日、同校の前校長と前事務長について、業務上横領の疑いで大阪地検に告発状を提出した。

告発状によると、2人は2013年4月～14年10月、保護者から徴収した模擬試験の受験料を管理していた口座から、前校長とその娘の個人口座に少なくとも計1710万円を振り込んで横領したとされる。

この問題をめぐっては、同法人が設置した第三者委員会が先月、「発言力の大きい前校長ら幹部職員を中心とした典型的な裏金づくり」だったとする報告書を公表。裏金は総額5億円以上で、保護者から集めた教材費の余剰金などを正規口座以外にプールし、ゴルフ代や1点100万円ほどのバッグの購入などに充てていたと指摘した。

同組合の森川祐子副執行委員長は記者会見で、「本学は自浄能力がまったくない。真相究明に力を借りたい」と話した。

大阪産業大の学園広報課の話　事実確認中につきコメントは差し控える。（2015年4月9日時事通信）

つまり、大阪桐蔭中学・高校の前校長が学校の金で蓄財し、税金も払っていなかったということである。

こういうケースは非常に多い。

教育現場は税金を喰う怪物

私立学校に限らず、教育現場というのは経理が不透明な面が多い。

これは直接、脱税や逃税に結びつくわけではない。が、税金の不透明な支出となっており、税金を払っていないことよりも、さらに悪いといえる。

学校の経理関係が不透明だというわかりやすい証拠を示したい。

現在、小中学校では生徒1人あたり年間100万円近くの税金が使われている。このことは国税庁のPR誌やHPにもよく登場する。

「子供1人に100万円も使われているなら国民にも税金が還元されているじゃないか」

そう思う人が多いので、税務当局の格好のアピール材料となっているのだ。

しかしよくよく分析すると、このコピーこそが学校のお金の闇を象徴するものだということがわかる。

1人に100万円近くの税金が使われているとすれば、30人学級であれば、年間3000万円である。

1つの教室に年間3000万円もの巨額のお金が使われているのだ。1つの学校には数十億円のお金が1年間に使われている計算になる。

果たして、あなたの子供の教室に、年間数千万円のお金が使われているように感じられるだろうか?

小中学校の登校日は年間200日程度だ。

1人に1000万円使われているのであれば、1登校日あたりに使われている教育費というのは約5000円である。つまり子供1人が1日学校で授業を受ける費用というのは5000円ということなのだ。

はたして、子供たちは学校で1日、5000円以上の価値のある教育サービスを受けているだろうか。

いまだに冷暖房の完備されていない教室で、30~40人に1人しかつかない教師。何十年もほとんど内容が変わらないおもしろみのない教科書。今の学校の授業なら、どう高く見積もっても、1日1000円が限度だろう。無料だから皆行ってるものの、これが毎日5000円を自腹で払えと言われたら、今の学校に登校させる親がいるだろうか。

もし民間の学習塾などに、1日5000円の授業料を払えば、いたれり尽くせりの非常に高度な教育サービスを受けられるはずだ。

利便性の高い場所で、冷暖房は当然完備されるだろうし、教師も10人に1人くらいはつくはずだ。

たとえば大手の予備校の全日制で年間の受講料はだいたい60万円程度である。小学校が使っている税金の半分ちょっとである。

しかも予備校の場合、駅前の1等地にあるケースが多く、高い場所代、高い法人税、固定資産税なども払っている。講師なども高給で優秀な人を集めている。にもかかわらず、公立小中学校よりもはるかに低い金額で運営されているのだ。

それを考えれば小中学生1人に100万使われているという教育費は、一体どこに行っているのか疑問をもたざるをえないはずだ。

なぜ給食費は異常に高いのか？

「教育費は不透明」という批判に対して、おそらく教育関係者たちはこう反論するだろう。

「公立学校にかかる教育費はただ授業をするためのお金だけじゃない。給食などにもお金がかかっているんだ」

しかし、この給食費こそが「教育費不透明」のシンボルでもあるのだ。

というのは、文部科学省の発表では、給食費1食あたり880円かかっていることになっている。

保護者が払う給食費というのは月額3900円。1食あたり230円である。

しかし、これは食材のみのお金であり、調理費や光熱費などの経費は税金で賄われている。その税金の支出額は1食あたり約650円。

給食は栄養士が計算したり、普通の外食よりも手がかかっているということはあるだろう。

しかし給食は、普通の外食の場合よりもはるかに安くできるはずなのだ。給食をつくる施設には税金はかからない。また給食は1つのメニューを大量につくるのだから、それだけコストは削減できるはずである。しかも一定の数の「客」がいるわけであり在庫コストはいらない。

もしこの条件で、民間のレストランや食堂が900円近くの食事を提供するならば、相当に豪華なものがつくれるはずである。フランス料理だって1000円前後でランチを出す店もあるのだ。

しかも、この高額給食費は1つ、2つの市町村のことではない。全国の小中学生のことである。この莫大な無駄遣いは気が遠くなるものである。

なぜこんな多額の税金が使われているかというと給食関連費が地域の利権になっている

からである。教育関係者などが自分の利権としてこの支出を牛耳っているわけである。ある市では、自前で給食をつくるよりも業者に発注したほうが安いので、外注にしようとしたところ、教育委員会事務局からクレームがついてできなかったというようなこともある。

教育費がいかに不透明であるかが、これでわかっていただけたはずだ。

教育現場は天下りの温床

教育費の内容について、もう少し詳しく見てみよう。

教育費の75％は人件費である。

1クラスあたり4000万円の税金が使われているのだから、そのうち3000万円が人件費として支払われているのだ。

今の日本では、1クラスに教師はだいたい1人である。学校の教師の給料は、せいぜい年間500万円である。3000万円引く500万円で残りの2500万円の人件費はどこに行っているのだ？

もしこの人件費が現場でちゃんと使われているならば、子供10人に1人は教師がつけられるはずである。それでも教育費の半分が教師の給料に使われているに過ぎない。あとの半分を諸経費に回せば、余裕をもって学校運営ができるはずだ。

にもかかわらず、現代の日本の学校では30～40人に1人しか教師がついていないのだ。

なぜこういうことになっているかというと、たいした必要もない機関が網の目のように絡み合って、たいそうな肩書きをもった人たちをたくさん雇うというお決まりの、お役所税金無駄遣い構図があるわけだ。

文部官僚、教育関係者たちが子供たちのお金をくすねているわけである。

小中学校の教育費は、複雑な形で捻出されている。

公立学校には、国、都道府県、市町村がそれぞれお金を出し合ってつくられているという形になっている。これが税金無駄遣いの温床になっているのだ。

国のお金が県に行き、県から教育委員会を通して小中学校に配分されている。国の段階でまずピンハネされ、県でもピンハネする。

そして教育委員会というのは文部官僚たちの格好の天下り先になっている。

文部科学省は、直属の公益法人をもっとも多くもっている省庁である。

前述したように、公益法人は国から多額の補助金をもらっている、官僚の天下り先であることはすでに述べたが、それをもっとも多くもっているのが文部科学省なのである。

文部科学省直属の公益法人には教育費もずいぶん流れている。子供の教育費さえ、天下り官僚が横領しているのである。

だから末端の学校現場にまで行き着くお金はほんのわずかになってしまう。4000万円使われているはずの1学級に、教師が1人しかつかないのはこのためなのだ。

教育というのは、「どれだけ子供に手をかけるか」で全然違ってくるはずだ。どんな教育理念よりも、教師がなるべく多くの時間と手間を1人ひとりの子供にかけてやる、それが子供の教育の基本だろう。

子供のお金をピンハネするような奴らが考える「教育理念」が、なんの役に立つのかということである。

教育現場は非常に閉鎖的な場所である。「教育は金儲けではない」という高尚な理念を建前に、非常に閉鎖的なシステムをつくり上げてきたのだ。

教育現場のお金がどういうふうに使われているか、きちんとチェックする機能は無きに等しい。それをいいことに、天下りの温床として教育現場を利用していたのである。

文部科学省は「教育の理念をどうするべきか」などといろいろ検討しているようだが、そういうことをする前に、まず「子供たちの金は子供たちに返すべき」だろう。

第10章

大企業の実質税負担は驚くほど安い

大企業はまともに税金を払わない

税金をまともに払っていない奴らの代表格に大企業がある。

「大企業はまともに税金を払っていない」

というと、必ず、

「日本の法人税は、すでに世界的に高い」

などと反論する人がでてくるはずだ。

経済誌や経済評論家、経済学者などもよくこういうことを言う。

たとえば、東京大学大学院経済学研究科教授の伊藤元重氏は、ビジネス誌「ダイヤモンド」の2013年8月26日のオンライン記事で、「日本ではなかなか消費税率を上げられることができなかった一方で、法人税率は世界有数の高さのままなのである」と述べている。つまり、伊藤元重氏は、「日本の法人税は世界的に高いから下げるべき」と言っているわけだ。

しかし、じつは「日本の法人税が世界一高い」というのは大きな誤解なのである。

日本の法人税は、確かに名目上は非常に高い。

しかし法人税にもさまざまな抜け穴があり、実際の税負担はまったくたいしたことがないのである。

法人税の抜け穴の最たるものは、「研究開発費」である。

これは2003年に導入されたもので、この制度をざっくり言うと、大企業の税金を20%割引するものだ。

研究開発費の詳細は次の通りである。

研究開発をした企業はその費用の10%分の税金を削減する。限度額はその会社の法人税額の20%である。

それが結果的に大企業の法人税を20%割引にすることになっているのだ。

というのも、大企業は、たいていの場合、研究開発費を多く支出している。

また減税の対象となる研究開発費の範囲は非常に広いものだったので、大企業のほとんどはこの研究開発費減税を限度額ギリギリまで受けることができたのだ。

研究開発費の限度額は法人税額の20%なので、限度額ギリギリまで研究開発費減税を受けるということは、事実上、法人税が20%下げられたのと同じなのである。

だから現在の名目上の法人税率は25・5%だが、事実上は20%しかないのである。

20%の法人税というのは、世界的に見てまったく高くはない。先進国としては普通か少し低いくらいである。

この20％という数字を見れば、誰も「日本の法人税が世界有数の高さ」などとは言えないはずである。

そして、日本の法人税にはさまざまな抜け穴があり、実質的にはかなり低いことは、税金を少しかじっているものならば、みんな知っている。

東京大学大学院の伊藤元重教授は、この研究開発費減税のことをご存知ないのだろうか？

もしこんなこともご存知ないのであれば、経済を語る資格などまったくないと筆者は思う。

社会保険料の負担率は、先進国のなかで低い

「日本の大企業の税金は高い」

という方々の主張には、もう1つ大きな欠陥がある。

それは、社会保険の負担をまったく考慮していないことである。

日本では、企業が負担する社会保険は、先進諸国のなかでは低いほうである。

企業の税、社会保険料負担の国際比較（対GDP比）

国名	税	社会保険料	計	年
フランス	2.6	11.4	14.0	2003
イタリア	2.8	8.9	11.7	2003
ドイツ	1.8	7.3	9.1	2000
日本	3.1	4.5	7.6	2002
イギリス	2.8	3.5	6.3	2003
アメリカ	2.0	3.4	5.4	2003

出典・経済社会の持続発展のための企業税制改革に関する研究会（経済産業省）より

企業の税負担は、税額そのものだけを見ても意味がない。

社会保険の負担も、税的な役割をもつものであり、税と社会保険料、両方の負担を考えないと真の意味での「企業の負担」は測れないのである。

そして税と社会保険料の合算を考えた場合、日本の企業の負担は決して大きくはないのだ。

上の表のように、税と社会保険料を合わせた負担割合は、フランス、イタリア、ドイツよりもかなり低いのだ。

またこの表はいささか古いものであり、この当時より法人税は下げられているので、日本企業の負担率はさらに下がっているのだ。

つまり、総合的に考えた場合、日本企業の社会的負担は、先進国のなかでは低いほうであり、もっと負担しなければならないのである。

輸出企業は消費税増税で得をする

大企業の税金の抜け穴の1つに、消費税がある。

というのも、消費税は輸出企業にとって大歓迎の税金なのである。

なぜなら、彼らにとって消費税は払うものじゃなくてもらうものだからである。

消費税には不思議な仕組みがいくつもある。

そのうちの1つが「戻し税」である。

消費税というのは、国内で消費されるものだけにかかるという建前がある。だから、輸出されるものには消費税はかからないのである。

ところが、輸出されるものは、国内で製造する段階で材料費などで消費税を支払っている。

そのため「輸出されるときに、支払った消費税を還付する」のが戻し税なのである。

まあ、消費税の建前上の仕組みからいえば、この戻し税はわからないことでもない。輸出企業は製造段階で消費税を払っているのに、売上のときには客から消費税をもらえないので、自腹を切ることになる。それは不公平である。

しかし現実的に見ると、この制度は決して公平ではない。

というより、この戻し税は事実上、輸出企業への補助金となっているのだ。

というのも、輸出企業の多くは製造段階できちんと消費税を払っていないからである。消費税がかかっているからといって、下請け企業や外注企業は、価格に消費税を転嫁できない。製造部品などの価格は、下請け企業が勝手に決められるものではなく、発注元と受注企業が相談して決めるものである。となると、力の強い発注元の意見が通ることになり、必然的に消費税の上乗せは難しくなる。

今回も、消費税が増税されたからといって、下請け企業はなかなか価格転嫁はできないだろう。

となると、輸出企業は製造段階で消費税を払っていないにもかかわらず、戻し税だけをもらえる、ということになるのである。

トヨタは消費税増税で1000億円得をする

173ページの図は、日本の輸出企業上位10社が消費税でもらっている「戻し税」の額である。

２００９年度、第1位のトヨタは２０００億円もの戻し税を受けているのである。消費税が5％から8％になれば、この戻し税も１・6倍になる計算である。だから、トヨタは２００９年レベルの収支であれば、３３００億円もの戻し税を受け取ることになるのだ。

この増税により１０００億円以上も戻し税が増えるのである。

現在、トヨタは円安により輸出好調のため、２００９年レベルよりもかなり売り上げ増が見込まれている。だからトヨタの戻し税はさらに増えることが予想されている。

増税後には上位10社だけで1兆円以上の戻し税が見込まれているのだ。

消費税の税収は十数兆円である。十数兆円しか税収がないのに、１兆円も戻し税を払うのである。

こんなバカバカしいことはないといえるのだ。

日本の企業はお金を貯めこみ過ぎている

大企業がまともに税金を払っていないために、経済に大きな影響が出ている。

というのも、この10年くらいの間に大企業はしこたま貯蓄を増やしてきたのだ。

輸出企業の還付金

単位：億円

	増税前の消費税還付金（2009年度）	増税後に想定される消費税還付金
トヨタ自動車	2,016	3,369
ソニー	1,060	1,696
日産自動車	758	1,213
キャノン	722	1,155
東芝	721	1,154
本田技研	666	1,066
パナソニック	648	1,037
マツダ	592	947
三菱自動車	412	659
新日本製鉄	339	542
合計	8014	12838

（2009年度のデータは湖東京至元静岡大学教授の試算、増税後の試算は2009年データを元に著者が作成）

企業の「内部留保金」は、現在、300兆円を超えている。

内部留保金とは、簡単に言えば、企業の利益のうち、配当や役員賞与などを出した残りの金額のことである。つまり企業にとっては貯蓄である。

174ページの表を見ればわかるように、企業の内部留保金はバブル崩壊以降も着実に増え続けているのだ。

2002年には190兆円だったものが、2012年には300兆円以上にまで膨れ上がっている。

たった10年で100兆円以上増やし、1・5倍以上になっているのだ。

この300兆円の内部留保金がどれだけ大きなものであるか、普通の人にはな

近年の企業の内部留保（利益剰余金）

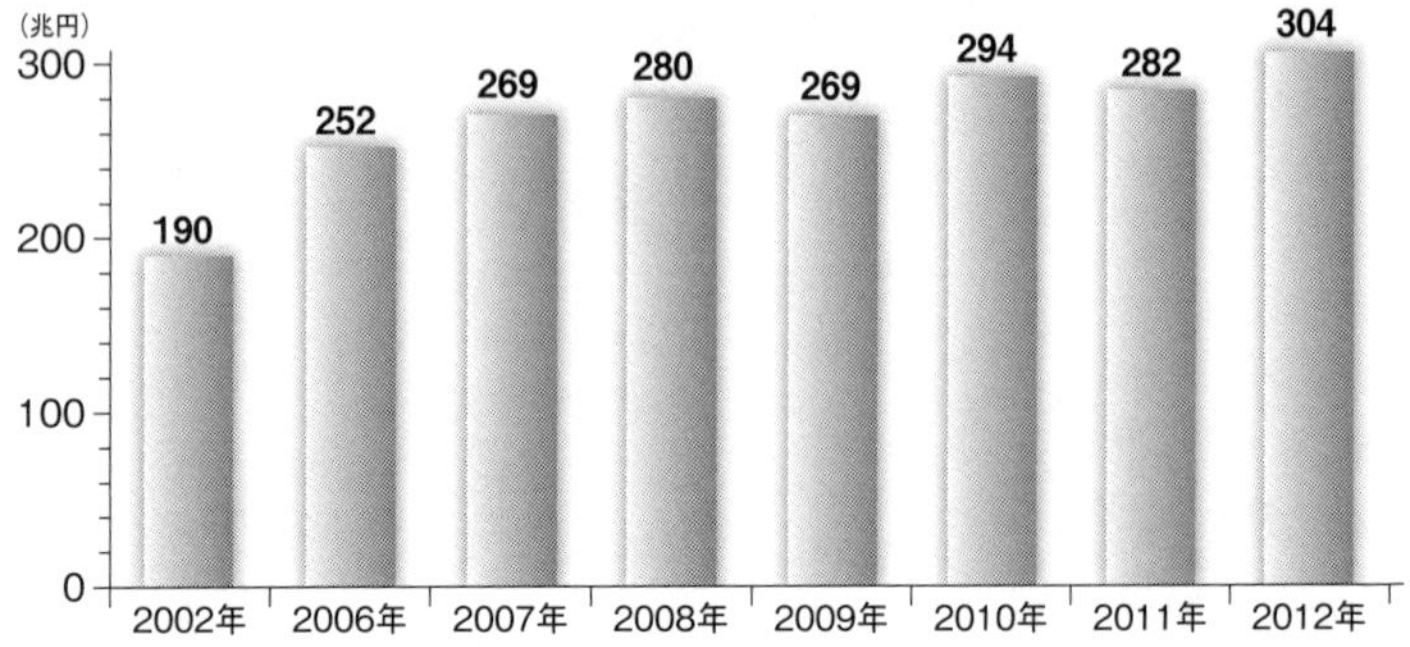

財務省企業統計調査より

かなかピンとこないものだろう。

　これはじつは異常値と言えるものなのだ。

　たとえばアメリカの企業の手元資金は、２０１０年末の時点で１６２兆円となっている。日本企業の内部留保金は、アメリカの２倍近くもあるということである。

　アメリカの経済規模は、日本の２倍である。そのアメリカの２倍も内部留保金をもっているということは、経済社会における割合としてはアメリカの実質４倍の内部留保金をもっているということである。

　またアメリカの１６２兆円の手元資金というのも決して少ない額ではない。

　リーマン・ショック以降、企業が資金を手元に置きたがる傾向があり、膨れ上がったものである。そして、この巨額な手元資金がアメリカ経済の雇用環境を悪くしているなどの指摘をされている。

ということは、実質その4倍の内部留保金をもっている日本が、どれだけ経済環境に悪影響を与えているか、ということである。なおアメリカ企業の近々の内部留保金のデータが見当たらなかったので「手元資金」のデータを準用した。

設備投資には回らない日本企業の内部留保金

「バブル崩壊以降の失われた20年」

などという言われ方をする。

バブル崩壊後、日本経済は苦しい、だから国民は我慢しなければならない、そんなことを言う政治家もいた。

が、実際はそうではない。

日本企業はその間もしっかり儲けていたのだ。

しかもそれに対して、サラリーマンの給料はこの十数年ずっと下がりっぱなし（一時期若干上がったときもあったが微々たるもの）である。そしてリストラなどで正規雇用は減らし、非正規雇用を激増させた。

つまりは、企業は儲けたお金を社員や社会に還元せずに、自分の懐に貯め込むばかりだったのだ。

サラリーマンの給料が減れば、国民の購買力は減り、内需は縮小する。それがデフレにつながっているのである。

当たり前といえば当たり前の話である。これに反論できる経済評論家がいたら、ぜひ反論していただきたい。

企業が内部留保することが、お金の流れをせき止めているのだから、企業から社員にお金を吐き出させればいいわけである。

で、内部留保金の話をすると、必ずこういう反論をする人がでてくる。

「企業の内部留保金は設備投資などに回される分もあるのだ」と。

もちろん、会計学的に言えばその通りである。

しかし、日本企業は内部留保金だけじゃなく手元資金（現金、預金等）も激増し200兆円を大きく超えている。

これはどういうことかというと、今の日本の企業では、内部留保金がほとんど投資に回されずに、企業の内部に貯め置かれているということである。

この事実を知れば、誰だって「企業よ、もっとお金を社会に還元せよ」と思うはずだ。

もし、企業が内部留保金の１％でも社会に還元すれば、それだけで生活保護費が大方賄えるのだ。

法人税が安くなればサラリーマンの給料は下がる

現在、政府は法人税の減税を計画している。

また、法人税と所得税に上乗せされていた復興特別税は、法人税分だけ先に廃止されてしまった。

法人税が減税されれば、一般の人は社員にも恩恵があるように思ってしまうかもしれない。つまり、サラリーマンの給料も上がるのではないか、と。

しかし、それはまったく逆である。

というのも、企業の経済活動において、法人税の減税は賃下げの圧力を生むのである。それは理屈でもそうなるし、実際のデータでもそうなっている。

なぜなら、法人税が減税されれば、会社は経費率を下げる努力をするからである。

法人税は企業の利益に対してかかってくるものだ。

企業の利益はサラリーマンのものではなく株主のものである。だから法人税が下がって、その分の利益が増えれば、それは株主に回されるのだ。

またもし法人税が減税されれば、会社は株主のためになるべく多くの利益を残そうとする。

利益とは、売上から経費を差し引いたものである。利益を多く残そうとするならば、売上を上げるか、経費を下げるかしかない。必然的に、会社は売上を増加させ、経費を削減させる方向に動くのだ。

そして経費を削減させると、サラリーマンの給料カットにつながるのだ。

実際に、この20年の日本経済を見れば、それはよくわかるはずだ。

この20年の間、法人税は10％以上も下げられた。

また先に紹介した研究開発減税も行われた。そして、この20年の間には戦後最長と言われる長い好景気の時代もあったのである。

にもかかわらず、この20年間、サラリーマンの給料はほぼ一貫して下げられてきた。そして、サラリーマンの給料は20年前より10％以上も下がっているのだ。アベノミクスで若干、給料は上がったが、今まで下がった分に比べれば微々たるものだし、消費税の増税分にも遠く及ばない。

だからサラリーマンは、まかり間違っても法人税の減税に賛成などしてはならない。

そして政府が今すべきことは法人税の減税ではなく、「企業が賃金を引き上げなくてはならなくなる具体的な施策」である。

法人税減税をするくらいならば社会保険料の減額を

もし景気対策としての減税を行うのであれば、法人税減税ではなく、社会保険料の減額をするべきである。

社会保険料の減額は、直接的に企業の負担減となり、それと同時に賃金を増やしたり、雇用を増やす圧力を生むのである。

つまり、社会保険料を減額すれば、賃上げや雇用増に直接結びつくのだ。

社会保険料は、賃上げや雇用増をすれば企業の社会保険料負担も増す。

そのために、賃上げや雇用増をしたくてもできなかった企業はたくさんあったはずだ。社会保険料が下がれば、企業は安心して賃上げや雇用増をすることができる。

また社会保険料を下げれば、社員の手取り額が増えるので、それだけで実質賃上げとなるのだ。

とくに、低所得者の社会保険料を下げれば中小企業が新規雇用をしやすくなり、雇用増につながりやすい。年収300万円以下などの低所得者を対象にすれば、財源もそれほどたいしたことはない。

どうせ〝減税〟をするならば、賃上げや雇用増に直接つながることをすべきだろう。

企業の税金を上げても、企業が海外流出することはない

「内部留保に課税すべき」

「企業の税負担を上げるべき」

というような話をすると、決まってこういう反論をする人が出てくるはずだ。

「そんなことをすれば、企業が海外に出て行ってしまう」

これを言われれば、ほとんどの人は黙ってしまうようだ。

しかし、企業に増税すれば企業が海外に出ていく、というのは、まったく根拠のないデタラメの話である。

というのも、法人税（住民税も含む）は企業の支出のなかで、わずか1％にも満たないのである。

だから、会社の税負担を10％程度増減させたとしても、企業活動のなかではほとんど影

響がない。

税負担を10％増減したからといって、企業の支出全体からみれば、わずか0・1％程度なのである。

財界は、「法人税を下げないと、企業はみな外国に行ってしまう」などと脅すが、これはまったくの嘘なのである。

わずか0・1％の経費削減のために、わざわざ外国に行く企業などないのだ。外国に拠点を移すことは、それなりにリスクを伴うものである。経費が0・1％削減できるくらいでは、とても元が取れるものではない。

今、日本の企業が東南アジアなどに進出しているのは人件費が安いからである。人件費は、企業の経費のなかで大きな部分を占めている。経費の半分以上が人件費という企業も多々ある。そういう企業にとって、安い外国の人件費が魅力なので、海外に拠点を移すのである。

「税金が安いから中国に工場を移した」

などという企業は聞いたことがないはずだ。

税負担が高いからといって日本の企業の本社が外国に移ることは、まずない（よほど特殊な企業じゃなければ）。

実際に、今よりはるかに企業の税負担が大きかったバブル以前は、今よりもはるかに企業の海外進出は少なかった。当時は、まだ東南アジアなどが開発されておらず、企業が海外に出ていく環境が整っていなかったからである。

日本の企業のほとんどは日本に基盤があり、日本の文化をもっている。

日本の企業文化には独特のものがあり、外国に出て行って、そうそうやれるものではない。わずかな経費削減のために外国に拠点を移すことなどありえないと言っていいだろう。

法人税を上げても景気にはまったく影響はない！

「法人税を上げれば景気が悪くなる」

法人税反対論者は、よくこういうことを言う。

しかし、これはまったくのでたらめである。

法人税を上げても景気にはほとんど影響はない。それは理論的にも言えるし、データとしても明確に表れていることである。

そもそも法人税は、企業の〝利益〟に対してかかるものである。つまり法人税とは企業が事業を行い、儲かったあかつきにその利益の何割かをいただく、ということなのである。

つまり実際の企業活動にはまったく影響はないのだ。

たとえば法人税が高いから商品の値段が上がったり、企業の収益が下がったりすることは理論的にありえないのだ。法人税の増税というのは、株主の取り分が減るだけであり、社員や社会に対する影響はまったくないのである。

実際に、日本で法人税が最高に高かった時期は、日本経済がいちばん元気があった時期なのである。法人税がもっとも史上、高かったのは、1984年から1987年の43・3%である。日本経済がこの時期に最高潮を迎えていたことは、だれもが知るところである。

また企業の株価もこの時期は非常に高かった。

だから法人税を増税したところで、景気が減退したり、株価が暴落したりすることはありえないのだ。

何度もいうが、法人税を増税することは、国内外の投資家の取り分が減るだけのことなのである。

法人税を下げれば、資産家と外国人が儲かるだけ

国は今までなんのために法人税を下げてきたのか?

法人税を下げれば資産家と外国人が儲かる仕組み

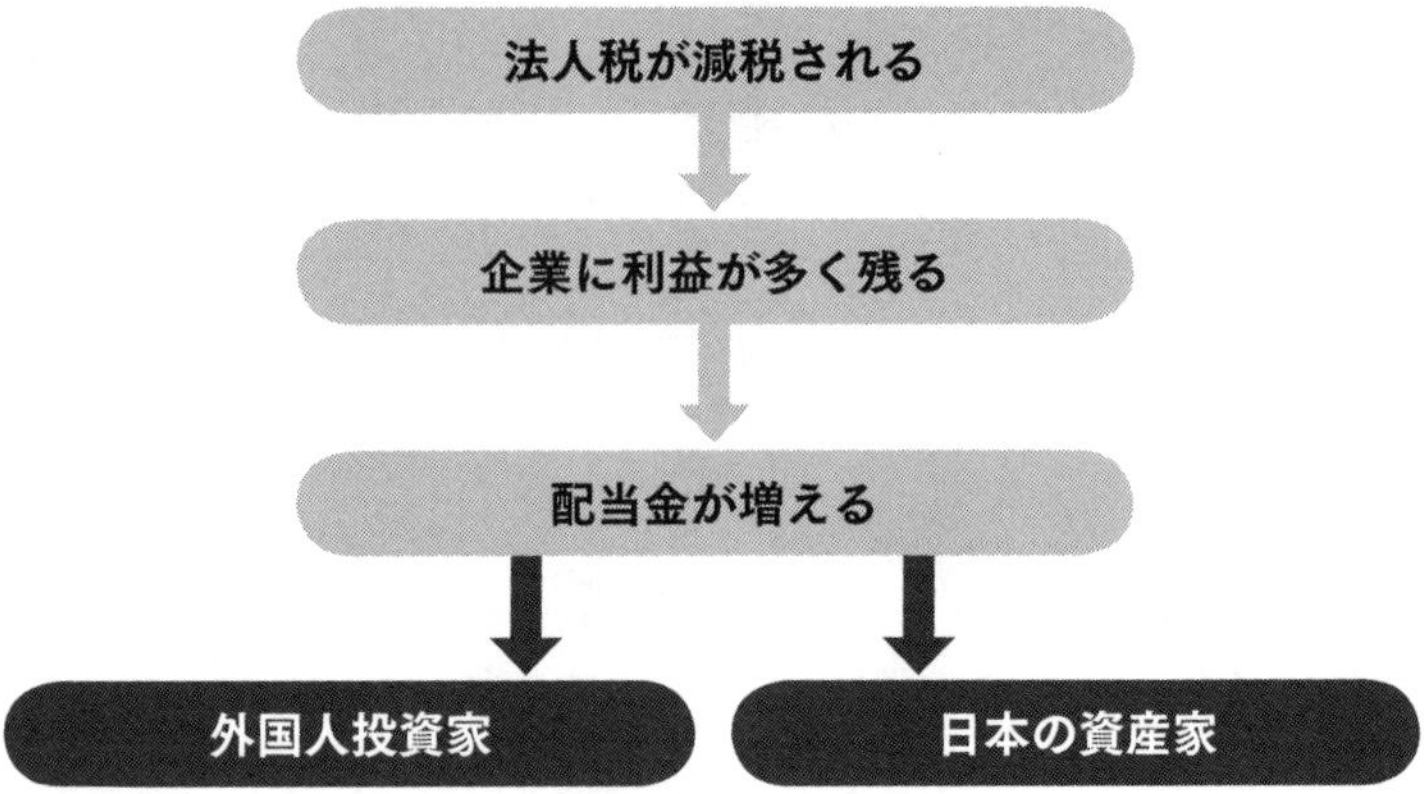

それは法人税を下げれば、だれが得をするのかということを考えれば、すぐにわかる。

法人税は企業の「利益」に対してかかってくる税金である。法人税が減税されるということは、会社に利益がよりたくさん残るということである。

では、企業に残った利益を手にする人とはだれか？

それは株主である。

会社の利益は、原則として法人税を差し引いた残りは株主のものになる。

つまり法人税を減税して、もっとも得をするのは株主なのである。つまり国は投資家のご機嫌を取るために法人税を下げていたのだ。

ここでも、「株主優遇政策」が行われていたわけである。

これで格差社会にならないほうがおかしい。それくらい徹底した株主優遇政策なのである。

株主を優遇することは、日本の利益を外国人に寄贈することでもある。日本企業の株主の4分の1は外国人であり、彼らが配当の実質半分をもっていっていると見られる。

企業の利益は、その企業だけのものではない。日本人が真面目に働き、日本社会が安定的に機能してきたその結果えられたものだ。いわば日本経済の果実といえるだろう。「法人税を減税する」ことは、その果実を資産家と外国人投資家に渡すことになるのだ。

その点を重々承知しておいていただきたい。

日本企業は毎年7兆円以上を〝外国人投資家〟に寄贈している！

法人税が下がり配当金が増大すると「日本の富を外国に流出させる」ことにもなる。

現在、日本の上場企業の株の4分の1は外国人投資家が保有している。

4分の1というだけでもけっこう外国人に侵食されている感があるが、驚くべきことに実際の外国人シェア率はもっと高いのである。

187ページの図のように、株の保有割合の半分以上は金融機関と事業法人である。だが、金融機関、事業法人の多くも上場企業であるため、これも最終的には国内の個人投資家と外国人のいずれかの所有に分類される。

つまり国内個人投資家と外国人投資家の持ち分割合が、日本企業全体の持ち分割合になるのである。

国内個人の投資家と外国人投資家の割合は、現在のところだいたい4対5である。ということは「日本の株式の半数以上を外国人がシェアしている」という可能性を示しているのだ。

金融機関、事業法人のなかには上場企業でないものも含まれているので、4対5という数字がそのまま真実とは言えない。が、外国人が日本企業にかなりシェアをもっていることは間違いない。

少なくとも半数近くはもっているだろう。

なので日本の会社が配当をした場合、その半分が外国人にもっていかれることになる。

外国人投資家が増えた背景には小泉内閣の株主優遇政策がある。

80年代以降、外国人投資家は徐々に増え続けていたが、2000年代に入ってからは横ばい状態だった。

平成25年　投資部門別株主保有割合

外国法人等	個人等	金融機関	事業法人その他
30.8%	18.7%	29.0%	21.3%

東証発表による日本の各証券市場集計データより

しかし、小泉内閣の時代の平成15年から外国人投資家は激増し、国内個人投資家の保有割合を抜いたのである。

しかも、外国人投資家の場合、ファンド（投資組合）などを使えば、日本には税金をほとんど払わずに済む。彼らは日本の富を無税でもち出せるのだ。

日本にとってこんな損失はない。

現在、日本企業の配当金は15兆円～20兆円で推移している。ということは、その半分である7兆円～10兆円を毎年、外国人投資家にもっていかれているのである。つまり、日本企業は毎年7兆円以上を外国に寄贈しているわけである。

7兆円というのは、けっこう大きい金額である。

現在、日本の企業が国に納めている税金（法人税）の総額が10兆円前後である。ということは、日本の企業は10兆円を国に納め、7兆円を外国に納めているわけである。

筆者は別に外国人排斥主義者ではない。

国が豊かになるためには、外国と上手に付き合っていくことであり、さまざまな形での経済交流は絶対に必要だと思っている。また資本主義社会である以上、企業が配当金を払うのは当然のことである。

しかし、だからといって、社員の給料さえまともに払っていないのに配当金を増大させることは、国家にとって損失になるということである。日本の国民が額に汗し、サービス残業をし、有給休暇もとらずに働いたその結晶が、いたずらに外国に流出しているのである。これほどバカバカしいことはない。

日本企業はまず何より社員に対して十分な対価を払うべきである。また日本国内でしっかり金を使うべきである。配当はその残りでいいのだ。これは大局的に見れば、国の利益にもつながるのである。

[略歴]

大村大次郎（おおむら・おおじろう）

大阪府出身。元国税調査官。国税局で10年間、主に法人税担当調査官として勤務し、退職後、経営コンサルタント、フリーライターとなる。執筆、ラジオ出演、フジテレビ「マルサ‼」の監修など幅広く活躍中。主な著書に『完全図解版　あらゆる領収書は経費で落とせる』『無税国家のつくり方』『税金を払う奴はバカ！』（以上、ビジネス社）、『「金持ち社長」に学ぶ禁断の蓄財術』『あらゆる領収書は経費で落とせる』『税務署員だけのヒミツの節税術』（以上、中公新書ラクレ）、『税務署が嫌がる「税金0円」の裏ワザ』（双葉新書）、『無税生活』（ベスト新書）、『決算書の9割は嘘である』（幻冬舎新書）、『税金の抜け穴』（角川oneテーマ21）など多数。

税金を払わない奴ら

2015年7月10日　第1刷発行
2015年8月1日　第2刷発行

著　者　大村大次郎
発行者　唐津 隆
発行所　株式会社ビジネス社

〒162-0805　東京都新宿区矢来町114番地 神楽坂高橋ビル5F
電話　03(5227)1602　FAX　03(5227)1603
http://www.business-sha.co.jp

〈装丁〉金子眞枝
〈組版〉茂呂田剛（エムアンドケイ）
〈印刷・製本〉中央精版印刷株式会社
〈編集担当〉本田朋子　〈営業担当〉山口健志

ISBN978-4-8284-1828-5